# TAÏWAN, LA PRÉSIDENTE ET LA GUERRE

ISBN : 978-2-492301-39-1
Dépôt légal : septembre 2023

ARNAUD VAULERIN

# TAÏWAN, LA PRÉSIDENTE ET LA GUERRE

NOVICE

*À ma mère.*

« La seule cause perdue est celle que nous abandonnons
avant de nous engager dans la lutte. »

Vaclav Havel

# Préambule

La guerre a démarré en milieu de matinée. Il était presque 10 heures à Taipei quand les premières alertes ont envahi les écrans de téléphone et de télévision. Ces derniers jours, au vu des préparatifs et des mouvements de troupes, la possibilité d'une attaque est devenue une certitude. Pourtant, personne ou si peu n'avaient voulu envisager un tel scénario. À mesure que les images et les bruits des combats leur parviennent, les Taïwanais passent de l'incrédulité à l'inquiétude.

Les sirènes rugissent d'un bout à l'autre du pays. Les explosions déchirent le ciel. Les missiles frappent les villes, éventrent des places, arrachent des façades d'immeubles, trouent des quartiers résidentiels. Les aéroports et les aérodromes sont pris pour cibles, les pistes détruites, les avions bombardés, des hangars engloutis par des obus. Déjà, des colonnes de fumée zèbrent l'horizon gris. Aux abords des zones frappées, les premières victimes sont soignées à la hâte. Les blessés les plus graves sont évacués en ambulances vers des hôpitaux préparés au pire. Les habitants se pressent dans les caves, les sous-sols des immeubles. En famille, en couple ou seuls, les bras chargés de sacs ou avec leurs animaux de compagnie, les citadins se réfugient dans le métro. L'ampleur et la rapidité de l'offensive prennent tout le monde de court. En quelques heures, l'effroi et l'anxiété viennent poisser le crépuscule de l'hiver.

Nous sommes le 24 février 2022, l'« opération militaire spéciale » de Vladimir Poutine vient de commencer en Ukraine. À huit mille kilomètres de Kyiv, combien sont-ils à se dire au soir de cette journée funeste : « Aujourd'hui l'Ukraine, demain Taïwan ? » Certains sont restés des heures à regarder les premières images, à écouter les analyses, à visionner les reportages. Ils ont suivi les événements, saisis et effarés du retour de la guerre à l'ancienne, avec bombes et chars, boue et poudre, à l'heure de l'intelligence artificielle et des cyberattaques. D'autres ont échangé avec leurs proches et leurs amis autour d'un verre, d'un repas, dans le creux d'un canapé ou lors de longs appels téléphoniques. Ils ont partagé leur sidération, leurs craintes. Les derniers ont mal dormi, ils se sont projetés dans l'après et dans l'inéluctable. Et si cette guerre n'était qu'une formalité, une victoire éclair pour les envahisseurs ? Elle serait, hélas, riche d'enseignements. Elle servirait d'exemple, aiderait à faire un parallèle. Surtout, elle minerait les efforts de résistance et décrédibiliserait les discours de mobilisation. À quoi bon se battre contre une armée puissante quand la défaite semble déjà écrite ?

Le coup de massue est réel dans l'archipel. La guerre est dans toutes les têtes, à commencer par celle de la présidente Tsai Ing-wen. Le 25 février au matin, quelques heures après le déclenchement de l'attaque, elle inaugure un laboratoire d'essai pour la construction navale. Impossible de ne pas condamner l'invasion russe, de ne pas venir en soutien aux Ukrainiens. Surtout, elle prend la parole pour souligner que la « situation en Ukraine est fondamentalement différente de celle dans le détroit de Taïwan qui constitue une barrière naturelle. Taïwan a une importance stratégique unique. Notre armée est engagée à défendre notre patrie et nos partenaires étrangers contribuent à la sécurité de notre région ». La présidente refuse la comparaison, rassemble et rassure.

Il n'empêche, avec force, la guerre est revenue en Europe. Avec angoisse, elle s'invite à Taïwan. Le péril demeure.

# La possibilité d'une île en guerre

Après-midi venteux à Kinmen. Une brise tiède et iodée vient du large. Elle franchit sans mal le talus de la forteresse L36, un bunker peinturluré tapi dans la dune, et agite les frondaisons d'un bosquet. Dans la clairière voisine, des détonations claquent au vent. Une petite brigade de militaires s'essaie à des tirs en rafales et sur cible.

Kinmen, connu également sous le nom de Quemoy, est un archipel en miniature dans les confins occidentaux de Taïwan. Un chapelet d'îlots frontières à une poignée de kilomètres de la Chine continentale, mais à plus de cent quatre-vingts kilomètres des côtes taïwanaises dont il dépend. Un territoire qui a longtemps été la ligne de front entre les frères ennemis communistes et nationalistes et l'un des points de tension de la guerre froide.

Quand on parle des risques de conflit à Taïwan, le nom de Kinmen – avec Matsu, sa cousine du nord – revient presque systématiquement. C'est la seule partie du territoire taïwanais à avoir expérimenté la guerre et ses dévastations. Après l'invasion de l'Ukraine par la Russie au matin du 24 février 2022, les regards se sont tournés vers Kinmen. Ses cent quarante mille habitants font face aux quelque quatre millions de Chinois établis à Xiamen sur le continent. De la forteresse L36, on aperçoit l'îlot du Lion, dernier confetti rocheux taïwanais avant les gigantesques tours d'immeubles et de verre dressées sur le rivage chinois, dont les façades miroitent au soleil. Certains jours, des dragueurs viennent dans ces eaux tumultueuses prélever du sable pour les travaux d'extension du nouvel aéroport international.

Pas de frontière terrestre, seulement une poignée de mille nautiques faciles à parcourir en cas d'attaque. Mais en dépit de ses assauts répétés, la République populaire de Chine (RPC) n'est jamais parvenue à s'emparer de Kinmen. Tout comme elle n'a jamais administré Taïwan. Le Kuomintang (KMT), qui a lancé la révolution en 1911 sur le continent, a fondé la République de Chine (RDC) un an plus tard. Parti unique, révolutionnaire et nationaliste, il va affronter, à partir de 1925, le Parti communiste chinois (PCC) créé quatre ans plus tôt. La lutte entre les deux forces va s'intensifier.

À l'issue de cette guerre civile en 1949, Kinmen a plongé dans la guerre. Les troupes communistes de Mao, victorieuses sur le continent, tentent un débarquement pour affronter les troupes nationalistes de Tchang Kai-chek qui se sont repliées sur Taïwan et ont fait main basse sur Kinmen. Le KMT entreprend de resiniser l'île et d'en faire l'arrière-base pour reconquérir la Chine. Mais le 25 octobre 1949, l'Armée populaire de libération (APL) de Mao lance un assaut qui se solde par un échec, avec près de 5 000 morts dans les deux camps et plus de 5 000 soldats chinois faits prisonniers.

La bataille de Guningtou (située à côté de la forteresse L36), un fait d'armes pour les nationalistes de Tchang soutenus stratégiquement par un déploiement américain dans le détroit, incarne l'enlisement communiste. Et Kinmen devient une terre de lutte et de résistance acharnée pendant plus de quatre décennies.

Dans les années 1950, les combats font rage et les obus pleuvent. « En 1958, on a connu quarante-quatre jours de bombardements continus. Près de 470 000 bombes ont été lâchées ici », raconte Chen Shui-tsai dans l'ombre immense d'un camphrier de son jardin à Dingpu. L'ancien premier magistrat de l'île redoute aujourd'hui la montée des tensions dans le détroit de Formose et un avenir sombre pour ses petits-enfants. « J'avais 10 ans, mais c'est encore frais dans ma mémoire. Chaque pouce des 150 kilomètres carrés de cette île a été touché. Au moins 5 000 civils sont morts. Pour les soldats, on n'a jamais vraiment su l'ampleur des pertes. »

Les Chinois ont commencé à bombarder Kinmen le 23 août 1958, au lendemain de l'annonce d'une main tendue de Washington à Moscou : Dwight Eisenhower proposait à Nikita Khrouchtchev un sommet commun, notamment pour discuter de désarmement nucléaire. En frappant Kinmen, Mao Zedong entendait se rappeler au souvenir des deux géants de la planète et remettre l'avenir de Taïwan sur la table des discussions. Kinmen, « c'est une grenade dans la gueule d'un tigre, écrit alors le journaliste Fernand Gigon dans les colonnes du *Monde diplomatique*. Il suffit que la grenade éclate ou que le tigre serre ses crocs pour que les risques de guerre augmentent, là-bas, entre Formose et le Mainland – ou Chine communiste ».

La tension n'est pas retombée tout de suite. Sur le haut des plages, le KMT a fait installer des tours de haut-parleurs pour diffuser des slogans anticommunistes. Régulièrement, de nouvelles vagues d'artillerie s'abattent sur l'île jusqu'en 1979. L'île est alors un bunker verrouillé par près de cent mille militaires au plus fort des tensions, avec un statut de « champ de bataille », soumise à la loi martiale jusqu'en 1992 pour Kinmen, et une population enrôlée pour la défense.

« Ces habitants ont souffert de batailles impitoyables. Chaque famille compte des blessés ou des morts. Tout le monde veut la paix, mais il est inévitable que notre génération doive se coltiner cette question du statut de Taïwan », résume d'une voix blanche Wu Po-yang, le porte-parole du comté de Kinmen. Son grand-père est mort en exil à Xiamen, à seulement quatre kilomètres des siens, sans les avoir revus. De retour d'un voyage à

Singapour, il avait été bloqué sur le continent et empêché de revenir. Vestige d'un passé violent, le bureau de Wu Po-yang jouxte l'entrée d'un tunnel qui se dérobe sous la ville.

Même si elle a parfois des airs de *Jurassic Park* de la guerre froide avec son tourisme kaki-mili, Kinmen reste un bastion qui compte des dizaines de kilomètres de galeries souterraines, des fortins coiffés de barbelés, des grottes marines, des bases enterrées ou noyées dans la végétation dense. Certaines plages sont encore hérissées de pieux et de croisillons antidébarquements. L'une d'elles exhibe encore un char rouillé sans tourelle, comme s'il avait été décapsulé par des frappes. Il est désormais ensablé sur le rivage. Ici, le déminage ne s'est achevé qu'en 2009.

Environ huit mille soldats taïwanais sont aujourd'hui stationnés à Kinmen. Les deux camps, taïwanais et chinois, ne se regardent plus vraiment en chiens de faïence. Le fonctionnaire Wu Po-yang plonge les yeux dans son mug. « Vous voyez ce thé ? interroge-t-il. Il est dense, épais, fort, un peu comme la nature des nombreux liens entre Kinmen et Xiamen sur le continent. »

Bastion du parti KMT, conservateur et plutôt prochinois, l'île s'est bricolé une curieuse identité, mixte, à la frontière des deux Chine. « Kinmen est bizarre. Elle est chinoise, dépend économiquement de la région de Fujian, mais politiquement, démocratiquement, elle s'identifie à Taïwan », résume Chen Shui-tsai. En 2001, après cinquante-deux ans de guerre froide, il avait initié des relations avec « l'autre côté », comme disent de nombreux habitants : l'instauration des trois miniliaisons (courrier, transports et commerces) entre la province du Fujian et les îles de Kinmen et Matsu, le lancement des vingt ferrys quotidiens pour plus de deux millions de touristes chinois par an, la vente du Kaoliang – un alcool à base de sorgho fermenté – qui rapporte des milliards de dollars taïwanais aux finances locales et contribue aux programmes d'aide sociale pour les seniors, les familles et l'éducation.

En 2020, la pandémie a mis un coup d'arrêt à tous ces échanges. La Chine s'est claquemurée dans sa politique du zéro Covid et Kinmen s'est retrouvée à sec. « Mais nous avons continué à nous appeler tous les mois et à parler affaires avec les autorités de Xiamen, à évoquer des projets, poursuit Wu Po-yang. La communication est facile. Kinmen est unique. » Une fois la crise sanitaire terminée, les navettes de ferrys ont doucement repris, mais les discussions sur la construction d'un pont entre l'île et le continent restent gelées et font l'objet de polémiques. Le projet est qualifié de « cheval de Troie » par des opposants qui assurent que la liaison faciliterait l'invasion du territoire par l'Armée populaire.

Taïwanais et Chinois ont malgré tout appris à concilier vie quotidienne et relations de bon voisinage, en prenant soin d'éviter les sujets qui fâchent sur les droits de l'homme, la démocratie. « Ces questions sont optionnelles pour eux, reprend le fonctionnaire de Kinmen Wu Po-yang. Ils préfèrent promouvoir la démocratie à la manière chinoise. On voit bien qu'ils tiennent vraiment à la "réunification", comme ils disent. C'est maladroit et dur à entendre pour nous qui sommes attachés à notre nation. »

Dans ces moments-là, l'invasion, sinon la guerre, semble écrite, inéluctable. « On aimerait que la situation se détende, surtout après le Covid qui a ruiné le commerce, mais ce ne sera pas possible avec Xi Jinping », regrette Wang Lin, une trentenaire originaire de l'île, mariée à un Chinois de Pékin et mère de deux enfants. Elle a ouvert une boutique de souvenirs et un « bed and breakfast » dans le petit village d'Oucuo. En 2019, alors que la présidente Tsai Ing-wen venait en aide aux Hongkongais, que des milliers de personnes manifestaient pour les libertés et que Xi Jinping menaçait Taïwan, Wang Lin et son mari s'étaient interrogés : partir en Chine, s'installer à Taipei ou rester à Kinmen ? Ils n'avaient pas bougé. En 2022, après la démonstration de force de l'armée chinoise qui a suivi la visite de Nancy Pelosi, la présidente de la Chambre américaine des représentants, ils ne se sont plus posé la question. « Si la guerre arrive, peu importe que nous soyons à Kinmen ou à Taipei. »

« De toute façon, cela se terminera sur l'île principale, car c'est le but des autorités chinoises, dit Wu Po-yang le regard perdu dans sa tasse de thé. Mais les Chinois sont-ils vraiment prêts à compromettre tous leurs investissements dans cette région, les milliards de dollars déboursés pour l'aéroport international de Xiamen par exemple ? Surtout, la guerre moderne ne se fait plus avec des armes traditionnelles ou des bombardements comme en 1958. Maintenant, on est à l'heure du cyber, de l'espionnage. »

L'espace d'un instant, le fonctionnaire semble avoir oublié l'Ukraine, avec ses frappes russes sur les villes et les installations civiles, les combats dans les tranchées boueuses sur la ligne de front, les dizaines de milliers de morts, de blessés et d'éclopés. Bref, la triste réalité d'une guerre classique au XXI^e^ siècle. Wu Po-yang ne veut pas penser à l'éventualité d'un conflit pour ses trois fils, sur une terre où il vit bien, entouré des siens, de ses amis. « Mais s'il le fallait, je prendrais les armes », dit-il en rappelant qu'il a effectué deux ans de service militaire au sein de troupes de chars d'assaut.

Au printemps 2023, les combats ne semblaient pas imminents. De toute façon, s'ils devaient avoir lieu, rien n'indique qu'ils se dérouleraient de nouveau à Kinmen. Aujourd'hui, la très puissante et modernisée APL serait en capacité d'engloutir l'île. Sans coup férir. De même, le régime de Xi Jinping pourrait organiser un blocus de Kinmen, fermer le robinet qui fournit de l'eau à l'île pour tordre le bras à Taipei, ou s'emparer du territoire à la manière des Russes en Crimée. Kinmen, futur « Donbass taïwanais », comme l'évoque avec le sens de la formule un diplomate asiatique ? « Les Chinois pourraient facilement nous prendre en otages, reprend l'ancien premier magistrat Chen Shui-tsai. Mais honnêtement, ils n'y gagneraient pas grand-chose. » Et Xi Jinping ambitionne surtout de conquérir Taipei.

Il n'empêche. Kinmen reste un symbole et son importance n'a jamais échappé à Tsai Ing-wen. La présidente a pris soin de convoquer l'histoire tourmentée de l'île pour en tirer des enseignements. Chaque 23 août, en se rendant sur l'île ou en assistant à une cérémonie, Tsai a toujours commémoré le bombardement du comté de Kinmen par l'Armée populaire chinoise en 1958. « Aucune menace de quelque nature que ce soit ne peut ébranler la détermination du peuple taïwanais à défendre sa nation », disait-elle, à l'été 2022, au lendemain d'un cycle de tensions liées à la venue de Nancy Pelosi à Taipei. Début août, l'armée chinoise s'est servie de cette visite comme prétexte pour lancer des exercices d'ampleur sur mer et dans les airs visant à simuler un blocus de l'île.

Un an plus tard, pour le 65e anniversaire de la bataille, Tsai est venue déjeuner avec les anciens combattants de Kinmen. Pour cette dernière commémoration de son mandat, elle souligne que, sans « cette victoire, Taïwan n'existerait pas aujourd'hui », et appelle « à transmettre cette détermination, à protéger notre patrie et à continuer à prendre soin de nos compagnons d'armes et des membres des familles endeuillées ».

Au fil des années, Tsai Ing-wen a fait du 23 août un « chapitre mémorable de l'histoire qui montre au monde le courage et la détermination du pays. [...] Lors de cette bataille, les Taïwanais, tant militaires que civils, se sont battus comme un seul homme, quelle que soit leur origine ou l'ancienneté de leur présence à Taïwan. C'est seulement en faisant preuve d'unité que nous pouvons défendre notre pays », comme elle le disait en 2021 lors de l'inspection d'un centre de production du Bureau de l'armement. Cette année-là, la pandémie du Covid-19 l'avait contrainte à rester dans la capitale. « L'île de Taïwan, les îles Penghu et les archipels de Kinmen et de Matsu forment une seule communauté », ajoutait Tsai, en rappelant la diversité de la mosaïque ethnique taïwanaise composée de chinois han, d'aborigènes. Pour défendre cette unité nationale et l'absence de division politique sur ce sujet, Tsai Ing-wen était descendue de sa voiture en 2020 pour saluer son prédécesseur à la présidence, Ma Ying-jeou, du KMT. Avant d'appeler à « ne pas oublier l'esprit du 23 août, à protéger la République de Chine-Taïwan ».

Ce 23 août est également l'occasion de souligner l'importance des réformes entreprises et des projets à lancer. Encore en 2020, Tsai avait visité le chantier du pont reliant les deux principales îles de Kinmen (ouvert en octobre 2022), une manière de rappeler la présence et l'engagement significatif de l'État sur un projet qui aura mis trente ans à se concrétiser. Elle appelait la Chine à se comporter en « bon voisin », notamment pour faciliter les liaisons entre Kinmen et Xiamen.

L'année suivante, Tsai a profité de cette commémoration pour souligner les efforts consentis par la nation afin de renforcer les capacités de combat asymétriques des forces armées. Durant ce discours, elle a érigé la production d'avions, de navires et de sous-marins au rang de « priorités politiques absolues ». Dans le même temps, elle annonçait le déblocage de fonds supplémentaires pour « améliorer les avantages et les conditions du personnel militaire » et développer les forces de réserve. Kinmen reste un symbole. Tsai Ing-wen le sait et n'hésite plus à se poser en garante de l'unité nationale et en cheffe des armées qui se préparent à la guerre. Un rôle auquel elle n'était en rien prédestinée.

# Une jeune fille rangée

Fenggang est l'un des derniers villages à la pointe sud de Taïwan. Établi sur la côte occidentale de l'île, dans le district de Pingtung, il se situe à l'entrée de deux parcs nationaux. Peuplé d'agriculteurs et de pêcheurs, Fenggang est la commune originelle de la famille de Tsai Ing-wen. C'est là que son grand-père, en venant du comté de Meixian dans la province chinoise du Guangdong, s'est installé à la fin du XIXe siècle.

« J'ai toujours chéri la mémoire de cet endroit, la pointe extrême de l'île, où je venais avec mon père admirer l'océan. C'est un endroit idéal pour débuter cette tournée et tenter de réveiller la passion des Taïwanais », racontait Tsai, en octobre 2011 en entamant sa première campagne présidentielle depuis le phare blanc d'Oluanpi. Dans ce sud qui a longtemps fourni des bataillons de militants indépendantistes au camp prodémocrate.

Début 2016, à quelques jours de son élection à la présidence, Tsai Ing-wen est de nouveau à Pingtung. « C'est d'ici que je commencerai mon voyage de campagne d'une semaine, déclare-t-elle à une centaine d'habitants de ce petit village côtier en entamant la dernière ligne droite électorale avant le scrutin. J'ai pu ressentir le désir des habitants de Pingtung d'élire un président originaire d'ici. S'il vous plaît, donnez-moi le meilleur résultat possible. »

Parmi les supporters rassemblés devant le temple Delong, où

Tsai s'est recueillie avant de faire des offrandes aux divinités, il y a un de ses oncles, sa tante et son cousin. Ils lui donnent des *zongzi*, ces boulettes de riz gluant qui symbolisent la victoire dans la culture taïwanaise. La candidate est en marche vers la victoire et sur les traces de ses ancêtres et de la mémoire familiale.

Le grand-père de Tsai était hakka, une communauté de Chinois han qui avait rejoint Taïwan dans la seconde moitié du XVIIe siècle. Comme d'autres migrants du continent, ils s'installaient aux côtés de tribus aborigènes présentes dans l'île depuis des millénaires. Le grand-père de la présidente a d'ailleurs épousé une femme de l'ethnie paiwan (ethnie du sud de l'île), l'une des seize tribus aujourd'hui reconnues par l'État. Elle était originaire de Shihzih, un canton montagneux. Lors de sa venue à Pingtung en 2016, Tsai Ing-wen a d'ailleurs reçu des mains du maître du temple un drapeau portant le nom du sanctuaire (Delong) et de la divinité. À cette même cérémonie, deux dirigeants de Paiwan lui ont également remis une coiffe traditionnelle et un gilet avec un totem pour faire de Tsai une « fille du peuple paiwan », en mémoire de sa grand-mère.

Après leur mariage, les grands-parents de Tsai ont eu cinq enfants. Le troisième s'appelle Chieh-Sheng. C'est le père de la future présidente. Il est né en 1918. Taïwan est alors contrôlée par les Japonais. Ces derniers ont vaincu la dynastie chinoise des Qing qui, en vertu du traité de Shimonoseki en 1895, doivent céder Formose (Taïwan), les Pescadores (Penghu) et les îlots qui en dépendent. À 18 ans, Tsai Chieh-Sheng se rend en Manchourie, à l'est de la Mongolie, pour éviter la conscription nippone au moment où les bruits de bottes se font entendre dans l'Asie orientale. Depuis la fin du XIXe, l'Empire japonais s'est lancé dans une série de conquêtes et d'agressions en Russie et dans l'Extrême-Orient. Le 7 décembre 1941, le Japon attaque la base américaine de Pearl Harbor, non loin de Hawaï. Les kamikazes précipitent l'entrée en guerre des États-Unis.

En Chine, Tsai Chieh-Sheng apprend la mécanique, dont il se servira à son retour à Taïwan après la Seconde Guerre mondiale et la capitulation des Japonais. Il s'installe à Taipei pour se perfectionner dans la maintenance de véhicules et crée une entreprise. Son garage se trouve sur la Zhongshan North Road, au cœur de la capitale, presque en face de l'hôtel *Regent*. Il y répare et vend des voitures d'occasion et d'importation pour l'armée américaine, des haut gradés et des fonctionnaires. Après des débuts difficiles, les affaires prospèrent et Tsai Chieh-Sheng investit dans l'immobilier. Il devient suffisamment aisé pour entretenir plusieurs familles. Selon le magazine taïwanais *Business Weekly*, il a eu quatre maîtresses, notamment à Taipei. L'une d'elles se nomme Chang Chin-Feng.

Le 31 août 1956, elle donne naissance à Tsai Ing-wen à l'hôpital Mackay Memorial à Taipei. Elle est la plus jeune des onze enfants de Tsai Chieh-Sheng. Des frères et sœurs de Tsai, on sait peu de chose, à part qu'ils ont travaillé dans la médecine, les affaires et la finance à Taïwan, mais également aux États-Unis, en Allemagne et au Japon. Le 14 mars 2016, avant que leur sœur cadette entre officiellement en fonctions, quatre frères de Tsai avaient publié une déclaration commune dans laquelle ils promettaient de respecter toutes les lois et toutes les règles régissant les conflits d'intérêts. Il s'agissait d'une réponse à une enquête parue la veille dans l'*Apple Daily* qui détaillait les activités commerciales des Tsai. Les frères déclaraient qu'eux et leurs sœurs s'engageaient à conserver leurs entreprises actuelles et « à ne pas faire de nouveaux investissements dans des entreprises nationales ».

La présidente fraîchement élue s'était dit alors « mal à l'aise » de voir ses proches exposés dans les médias. Passé ce moment, la famille est retournée dans l'ombre et s'est toujours montrée discrète, même à l'occasion d'événements publics en soutien à leur sœur, sur l'île ou aux États-Unis.

« Elle ne veut pas parler de sa famille. C'est la partie secrète de Tsai Ing-wen, raconte Yao Ten-jo, ancien secrétaire général adjoint du cabinet présidentiel et membre du Parti démocrate progressiste (PDP), qui a longtemps écrit les discours de la présidente. Et personne dans son entourage n'a dit le moindre mot, n'a répondu à des interviews. Est-ce qu'il y a un malaise, parce que son père avait des maîtresses ? Il y a une ligne que l'on ne franchit jamais et on l'apprend vite. » Un de ses anciens conseillers se souvient du regard noir et direct que la présidente lui a jeté quand il s'est aventuré sur ce sujet : « J'ai tout de suite compris que je ne devais pas aborder cette question, jamais. »

Sur la notice biographique du site de la présidente où les informations personnelles sont livrées avec parcimonie, il est écrit que sa « famille lui a inculqué l'esprit des petites et moyennes entreprises : professionnalisme, dynamisme, résilience et ardeur au travail ». Dans les interviews qu'elle a données lors de la première campagne présidentielle, en 2015, Tsai Ing-wen a dressé le portrait de parents aimants, travaillant beaucoup, parfois tard. Elle a concédé que son père « avait eu des rencontres, des moments différents dans sa vie ». Chang Chin-Feng, elle, s'occupait des enfants et faisait à manger pour les ouvriers du garage. « Ma mère était en fait une personne qui voulait vraiment avoir sa propre vie et sa propre carrière, mais elle savait aussi que [c'était difficile] dans cette société traditionnelle. » Tsai a mentionné dans l'une des rares biographies publiées en mandarin que, comparée à la rigueur et à la réserve de son père, sa mère était « une femme avec une personnalité distincte, des émotions fortes et un amour vif ».

Enfant, Tsai Ing-wen vit avec sa famille dans un bungalow de style japonais bâti à côté du garage de son père. Puis, les Tsai déménagent plus au nord de Taipei dans une grande maison aux abords du parc national de Yangmingshan, prisé pour ses sources d'eau et ses pentes montagneuses. En 1962, elle entre à l'école élémentaire Changan, puis au collège Bei'an, six ans plus tard. En 1971, elle rejoint les bancs du lycée pour filles de Zhongshan fondé par les Japonais en 1912, et réputé pour avoir formé de nombreuses personnalités taïwanaises. C'est une institution prestigieuse mais stricte, qui laisse peu de place aux distractions et aux rencontres sentimentales. Dans une société encore traditionaliste et imprégnée de culture confucianiste et patriarcale, Tsai Chieh-Sheng veille de près sur sa dernière fille.

Jeune femme sérieuse, Ing-wen est encouragée par ses parents à travailler dur, même si en tant que cadette de la famille, elle est censée s'occuper d'eux. « Je n'étais pas considérée comme un enfant susceptible de réussir dans ma carrière », a-t-elle confié au magazine *Time* en 2015. Elle envisage de se lancer dans des études d'archéologie ou d'histoire, mais son père doute qu'elle gagne bien sa vie ainsi. À la différence de plusieurs membres de la famille, elle ne choisit pas le monde des affaires et de l'entreprise, mais s'inscrit en droit à l'université nationale de Taïwan en 1974. Elle se dit qu'elle pourra conseiller son père dans son activité commerciale florissante.

Pour lever un peu le voile sur une jeunesse méconnue et discrète, il faut s'en remettre à la presse de Hong Kong. En 2016, avant l'élection de Tsai à la présidence, le site HK 01 a retrouvé la trace de ses copains de lycée et d'université. Ils dressent alors le portrait d'une adolescente sage et déterminée, un brin fleur bleue. « À l'époque, nous nous contentions d'étudier et d'aller aux cours de soutien après la classe. Nous n'osions même pas fréquenter Ximending [le quartier branché de Taipei avec ses commerces, ses bars et ses boutiques de mode, NDLR], se souvient Xiao Liyu, une camarade de classe de Tsai au lycée. Le seul moyen alors pour une jeune fille de rencontrer un garçon était de prier pour en croiser un dans le bus sur le chemin de l'école. Mais Tsai n'avait aucune chance, elle avait une voiture pour l'emmener et la ramener ! » Rester dans sa chambre et lire a souvent été l'un de ses passe-temps favoris de ces années-là. Elle découvre aussi Fong Fei-fei. La reine de la pop taïwanaise, célèbre pour ses chapeaux et ses quatre-vingts albums, sa carrière à la télé et ses rôles dans les films, va devenir au fil des années son idole.

Étudiante, Tsai Ing-wen a toutefois été courtisée par trois garçons en même temps si l'on en croit un de ses camarades de classe, Qiu Huangquan qui s'est livré à HK 01. « J'ai entendu dire que certains d'entre eux s'étaient manifestés, soit en écrivant des lettres, soit en se rendant chez elle. » Pour déclarer sa flamme, l'un des soupirants aurait même passé la nuit devant la maison de Tsai, à Yangmingshan.

Les photos sépia qui circulent montrent une jeune femme à la coiffure mi-longue, parfois sans lunettes, souvent vêtue d'un col Claudine. « Elle avait un charme particulier. Si vous restiez en contact avec elle, vous vous aperceviez que vous l'appréciez de plus en plus », raconte également Jiang Rui-zu, un camarade de classe au département de droit de l'université nationale de Taïwan.

Quand Tsai Ing-wen entre à l'université en 1974, la RDC (le nom officiel de Taïwan) de Tchang Kai-check n'est plus reconnue à l'ONU depuis trois ans. L'Assemblée générale des Nations unies a voté son expulsion au profit de la RPC de Mao. Tchang, qui entend incarner toute la Chine et s'estime dépositaire de sa souveraineté sur l'île et le continent, est de plus en plus isolé, d'autant plus que les États-Unis entament un rapprochement avec Pékin et que Japonais et Chinois normalisent leurs relations diplomatiques. En avril 1975, à 87 ans, le vieil autocrate, défenseur de la RDC, disparaît. Son fils, Chiang Ching-kuo, lui succède et desserre le verrou autoritaire. Le pays connaît alors une croissance économique record. C'est l'époque du « made in Taïwan » qui envahit le monde. Investissements étrangers, exportations de produits à forte valeur ajoutée, développements des infrastructures, du secteur de l'informatique, le petit dragon taïwanais commence à s'éveiller, tout comme la Corée du Sud, Singapour et Hong Kong.

Mais le dragon est conservateur et traditionaliste, autoritaire et répressif contre toute opposition. Le camp prodémocratique lutte encore ardemment pour les libertés fondamentales et soutient les nombreux prisonniers politiques, dans ce pays toujours en proie à la loi martiale. En août 1979, la revue d'opposition *Formosa* est lancée. Elle posera les premiers jalons pour la création du PDP. Mais la répression est encore forte, comme en témoignent les violences et les lourdes peines de prison infligées aux leaders de la manifestation pour la Journée internationale des droits de l'homme, le 10 décembre de la même année.

Tsai Ing-wen n'y a pas participé. Discrète et protégée, elle vit un peu dans une tour d'ivoire. Elle a repoussé les prétendants qui s'étaient manifestés, assurent ses anciens amis. Il semble qu'elle avait prévu d'étudier à l'étranger depuis longtemps et qu'elle ne voulait pas entamer une relation. Étouffait-elle dans le carcan familial et autoritaire du Taïwan d'alors ?

Après avoir passé sa licence de droit, elle s'envole vers New York en 1978. « Je voulais une vie révolutionnaire », expliquait-elle à *Time* en 2015 alors que le magazine l'avait propulsée en une à quelques mois de la consécration présidentielle. La jeune Taïwanaise s'inscrit en droit à l'université Cornell dans l'État de New York pour y suivre un programme d'un an destiné aux avocats en exercice et aux récents diplômés des facultés juridiques en dehors des États-Unis. Située en grande banlieue de la « Big Apple », l'université offre à Tsai la perspective d'une autre vie, vers le Nouveau Monde, à mille lieues de l'archipel taïwanais, alors méconnu et enclavé. « La vie à New York dans les années 1980 ouvrait les yeux d'une jeune étudiante en droit originaire d'un Taïwan pas encore démocratisé, confiait-elle en juillet 2019 lors d'un colloque à l'université Columbia. La diversité et les perspectives différentes étaient la norme. »

Mais ce séjour américain va virer au drame personnel pour la jeune femme. Si elle s'était montrée réticente à entamer une relation à Taïwan, elle a en revanche trouvé l'amour aux États-Unis. Sur le campus, elle a fait la rencontre d'un étudiant avec lequel elle passe le plus clair de son temps après les cours. Leur liaison est si forte qu'ils envisagent même de se marier. Mais lors d'une randonnée en montagne en 1979, le compagnon de Tsai se tue en chutant. Dévastée, elle se referme, scelle cette blessure intime. Elle n'a plus parlé de cette histoire, si ce n'est pour contredire, auprès de son entourage proche, la thèse d'un accident de voiture.

Elle a alors 23 ans et s'immerge dans les études et la lecture. La célibataire et solitaire Tsai Ing-wen s'est probablement construite sur cette meurtrissure. Elle reste finalement deux ans à Cornell. « Cela a dû être une expérience enrichissante pour elle, d'acquérir une maîtrise totale de l'anglais parlé et écrit ainsi que l'anglais juridique dans une culture différente, complètement seule, et de voir comment fonctionnent le droit aux États-Unis et le droit commercial », estimait en 2016 John J. Barceló, professeur de droit international à l'université Cornell, ancien tuteur de Tsai.

L'étudiante découvre également combien son éducation a été nourrie de « l'idéologie nationaliste du KMT qui contrôle Taïwan », comme elle le disait lors d'une conférence à Cornell le 4 septembre 2008. Ce jour-là, avec beaucoup d'ironie et trente ans de recul, elle racontait comment, à son arrivée à Cornell en 1978, elle avait récité le bréviaire du KMT seriné et inculqué aux Taïwanais depuis 1949. Lors de leur première rencontre, John J. Barceló l'avait sondée : « Que va faire Taïwan avec la Chine ? » La jeune Tsai Ing-wen n'avait pas molli et avait répondu du tac au tac : « Évidemment, à la fin nous allons unifier la Chine. » Le credo du KMT était bien acquis.

Deux ans plus tard, c'est une jeune juriste éveillée et délestée des automatismes nationalistes qui quitte Cornell avec un master en poche. À 24 ans, elle est admise à la London School of Economics, la prestigieuse LSE, temple des sciences économiques, du droit et des relations internationales, qui a formé des Prix Nobel et des chefs d'État du monde entier.

À Londres, elle bûche, lit, annote et prépare sa thèse sous la supervision de l'économiste Michael Elliott. Ce sont des années de formations rigoureuses et exigeantes vécues avec beaucoup de sérieux, de timidité et de modération. Certains médias taïwanais ont rapporté qu'elle avait eu un petit ami au Royaume-Uni, mais les préjugés de son père auraient fait échouer cette seconde relation.

Un jour, comme elle l'a raconté à *Time*, deux étudiants britanniques en goguette viennent frapper à la porte de sa chambre d'étudiante à la LSE. Ils lui demandent si elle veut s'abonner à un journal. Par camaraderie, elle accepte volontiers. « Ce n'est que plus tard que j'ai découvert qu'il s'agissait d'un titre communiste. J'ai fini par leur dire de garder mon chèque mais d'arrêter d'envoyer le journal. »

Tsai Ing-wen n'a jamais été une radicale, engagée à gauche. Quand elle arrive au Royaume-Uni, Margaret Thatcher vient de porter les conservateurs au pouvoir et de s'installer au 10 Downing Street en mai 1979. Elle est la première femme à diriger un gouvernement en Europe. La jeune Taïwanaise s'est-elle reconnue dans le parcours de cette leader charismatique, fille d'un épicier et d'une couturière, élève brillante et méritante, qui s'est emparée du parti tory et affiche des idées libérales et anticommunistes ? « Tsai a éprouvé de l'admiration pour Thatcher, elle m'a plusieurs fois parlé de son action, se souvient Yao Ten-jo. Si elle était née en Angleterre, elle aurait très probablement pris sa carte chez les torys », raille l'ex-plume de la présidente.

En 1983, Tsai Ing-wen soutient sa thèse qu'elle dédie à ses parents : *Pratiques commerciales déloyales et mesures de sauvegarde*. Soit quatre cent seize pages denses pour « examiner les problèmes juridiques liés à l'utilisation des barrières commerciales non tarifaires les plus courantes », analyser l'impact de la récession mondiale, « améliorer l'ordre juridique actuel dans le commerce international » en proposant des pistes de réforme possible.

Décrire, expertiser et faire des propositions. Ou comment la politique est vue au travers de l'économie et des régulations financières. Cela ne définit pas vraiment une personnalité, mais esquisse assurément une méthode. « Ma formation juridique m'a donné les outils intellectuels nécessaires pour aborder les questions de manière logique et analytique. Cet état d'esprit est certainement utile lorsqu'il s'agit de faire face à une pandémie qui exige des décisions politiques rapides et décisives, expliquait la présidente aux étudiants de l'université Cornell pour un numéro spécial de leur magazine intitulé *Diriger dans l'adversité* en 2020. J'ai eu la chance de recevoir une formation juridique aux États-Unis et au Royaume-Uni, des pays imprégnés de valeurs démocratiques et de l'État de droit, ce qui a eu un impact majeur sur ma façon de penser. En fait, la démocratie et la transparence ont été les clés de notre succès. Si ma formation juridique a incontestablement été un atout, l'expertise juridique doit aller de pair avec l'expertise dans d'autres domaines. Heureusement, mon expérience des négociations commerciales internationales m'a donné un immense respect pour les experts de différents domaines. » L'expertise, plus que les effets de manche. Tsai va s'appliquer à mettre en pratique ces enseignements.

# Dans l'ombre et dans les dossiers

*Goodbye* Londres et retour à Taipei à l'appel du père. Fini les études à l'étranger. Bardée de diplômes et d'expériences, nourrie de rencontres et de lectures, Tsai Ing-wen rentre à Taïwan en 1984. Tsai Chieh-Sheng souhaite que sa fille revienne à ses côtés, notamment pour l'aider dans ses affaires. Surtout, l'ancienne étudiante sérieuse et appliquée entame une carrière de professeure associée. Tsai a seulement 28 ans. Elle commence à enseigner au département de droit de l'université nationale de Chengchi, puis à celle de Soochow, essentiellement pour des cours de droit commercial international. Dans son autobiographie, elle se campe en jeune femme discrète : « Une personne qui aimait rester près du mur lorsqu'elle marchait dans la rue... qui n'aimait pas attirer l'attention des autres. »

À la fin des années 1980, elle est recrutée par la banque centrale de Chine (à Taïwan) et par le ministère des Affaires économiques. Depuis 1986, le gouvernement a constitué une équipe de négociateurs en vue de l'adhésion à l'Accord général sur les tarifs douaniers et le commerce (Gatt, ancêtre de l'Organisation mondiale du commerce [OMC]). Il a besoin d'experts et de techniciens. Nul doute que la professeure Tsai, diplômée de la LSE, est dans son élément et saura œuvrer pour que l'île de Taïwan intègre l'organisation non pas en tant que pays, mais comme « territoire douanier autonome ». Il s'agit de ne pas braquer ni froisser Pékin. La négociation va prendre quinze ans et épuiser des milliers de cadres du gouvernement et d'agents des institutions financières du pays.

Tsai Ing-wen va y jouer un rôle déterminant au moment où le dragon autoritaire se libéralise et s'ouvre à la globalisation des échanges. C'est en experte, en techno, qu'elle aborde les dossiers, avec le prisme de l'économie et de la raison, quand d'autres y injecteraient de la politique et de la passion. C'est sa marque de fabrique. Elle se rend rapidement compte que son attitude naturelle est un avantage dans la diplomatie. En regardant les négociateurs commerciaux de l'autre côté de la table, Tsai confiera qu'elle s'est entraînée à rester calme, à ne montrer aucune expression et à ne rien laisser paraître à ses rivaux. « Ce n'est pas si difficile pour moi, car je suis relativement introvertie », écrit-elle dans son autobiographie.

Au début des années 1990, le KMT la repère et la nomme à plusieurs postes clés au sein du ministère des Affaires économiques en charge du commerce extérieur. La technicienne, précise et rigoureuse, à l'apparence minimaliste, s'affirme dans l'ombre. Le gouvernement lui propose ensuite de siéger au nouveau Conseil des affaires continentales (CAC), créé en 1991 par l'administration du président Lee Teng-hui, pour organiser et développer les relations interdétroit. Tsai trouve en lui alors un mentor, sinon un père en politique, même si à l'époque elle ne nourrit aucune ambition carriériste dans les allées du très machiste pouvoir taïwanais. Mais cette expérience et cette rencontre vont laisser des traces.

Président de 1988 à 2000, Lee a été surnommé « M. Démocratie » pour avoir libéralisé le pays à la mort en 1988 de Chiang Ching-kuo, le fils de Tchang Kai-chek. Leader fougueux du KMT, ayant peu d'affinités avec la Chine, Lee est né en 1923 sous l'occupation japonaise. Puis, il a étudié à l'université impériale de Kyoto avant de devenir officier de l'armée nippone à la fin de la guerre. À la différence de nombreux leaders du KMT nés sur le continent et arrivés dans les valises de Tchang Kai-check, Lee est un Taïwanais de souche.

À la présidence, puis surtout après ses mandats, il se fait l'infatigable défenseur de la « taïwanité » de l'île, de son identité, de ses langues et de sa culture particulière. Alors que les gouvernements précédents du KMT considéraient le passé de Taïwan comme moins important que celui du continent, Lee estime au contraire que l'histoire de l'île doit être enseignée aux jeunes. Dans les années 1990, il a développé une politique éducative en ce sens.

« Titulaire d'un doctorat, Lee Teng-hui avait naturellement l'air d'un érudit. Mais il n'était pas que cela. C'était aussi un politicien hors pair. Son plus grand héritage s'est avéré être sa capacité à démanteler la structure politique déformée d'après guerre à Taïwan, dans laquelle les continentaux, qui ne constituaient qu'environ 10 % de la population, dominaient les Taïwanais de souche comme Lee, analysait Nobuyuki Yoshida, longtemps correspondant à Taipei du quotidien japonais *Sankei Shimbun*, à la mort de Lee en juillet 2020. Il a accompli cet exploit sans tirer un seul coup de feu, en s'appuyant sur le pouvoir des urnes. Ainsi, bien que dirigeant le Kuomintang, il a pris l'initiative de donner aux Taïwanais de souche un véritable pouvoir. »

Pas encartée au KMT, politiquement novice, voire « naïve, sinon idiote », selon l'un de ses anciens conseillers, Tsai devient la disciple de Lee et enchaîne les missions en tant que consultante et conseillère. Une relation particulière se noue alors, elle ne se démentira jamais. Pourtant, le caractère et l'apparence les opposent : lui est grand et droit, franc et cinglant, quand elle est petite et effacée, précise et modérée. Mais ils ont beaucoup en commun. Il est lui aussi d'origine hakka, il a lui aussi étudié l'économie, en passant, comme la jeune Tsai, par les bancs de l'université nationale de Taïwan et ceux de la Cornell dans l'État de New York, dix ans avant sa disciple. Comme elle, il a enseigné en faculté avant d'entrer en politique.

Après son mandat, Lee sera souvent présent aux moments clés de la carrière politique de Tsai. L'un et l'autre n'hésiteront d'ailleurs pas à afficher en public des signes d'affection, des embrassades, des accolades, des poignées de main et des sourires, dont la cérébrale et timide Tsai est habituellement peu coutumière. « L'ancien président a été une pierre angulaire de la transition de Taïwan vers la démocratie », a-t-elle tweeté quand Lee est décédé en 2020, ajoutant qu'il « a ouvert la voie aux libertés dont nous jouissons aujourd'hui ». À peine réélue, en janvier de la même année, Tsai avait réservé l'une de ses premières visites à « M. Démocratie », lui qui a tant contribué à sa formation politique.

Lors du premier mandat de Lee entre 1990 et 1996, les relations entre les deux rives du détroit de Formose connaissent dans un premier temps un apaisement. En mai 1991, Taipei annonce la fin de la « période de mobilisation nationale pour la suppression de la rébellion communiste » et renonce formellement à toute velléité de reconquête du territoire de la Chine continentale (RPC). La même année, la RPC, Hong Kong et Taïwan sont admises dans le forum régional Asia Pacific Economic Cooperation (Apec), une concession de Pékin qui a besoin de sortir de son isolement deux ans après l'écrasement du printemps de Tiananmen.

Puis, les deux camps souhaitent organiser des pourparlers afin de rétablir des liens et d'organiser des relations économiques croissantes. Deux organismes sont créés pour chapeauter ce dialogue : la Fondation pour les échanges à travers le détroit (Strait Exchange Foundation [SEF]), fondée en février 1991 à Taïwan, et l'Association chargée des relations à travers le détroit de Taïwan (Association for Relations Across the Taïwan Strait [Arats]), établie en décembre de la même année par Pékin. En novembre 1992, les associations se retrouvent à Hong Kong pour préciser leur position sur le principe d'une seule Chine.

Le 16 novembre, l'Arats accepte la proposition de la SEF de

laisser « chacune des deux parties exprimer verbalement son interprétation d'une seule Chine ». Car Taipei et Pékin ne sont pas vraiment sur la même position. « Ils maintiennent le principe d'une seule Chine et s'efforcent de travailler à la réunification du pays », indique la partie chinoise durant les discussions. Côté taïwanais, on précise : « Pendant que les deux rives du détroit uniront leurs efforts pour travailler à la réunification du pays, bien que les deux parties maintiennent également le principe d'une seule Chine, chacune d'entre elles a sa propre interprétation de la signification d'"une seule Chine". »

Cette dernière phrase – d'importance – a été vite oubliée par la Chine populaire pour vendre ce « consensus de 1992 », devenu l'une des principales pierres d'achoppement dans le débat politique. « Cette pseudo-déclaration commune a été érigée en principe absolu et incontestable, en dépit de l'absence de tout texte écrit », rappelle Valérie Niquet dans son livre *Taïwan face à la Chine.* « Plus qu'un réel consensus, il s'agissait donc plutôt d'un compromis minimal permettant d'avancer », analysaient les sinologues Jean-Pierre Cabestan et Benoît Vermander en 1999 dans *La Chine en quête de ses frontières.*

Les discussions avancent avec des rencontres et des signatures d'accords techniques et pour faciliter les échanges. Mais en 1995, les rapports se grippent et le détroit entre dans une nouvelle phase de tension. Lee Teng-hui prépare son voyage aux États-Unis. En mai, des dispositions sont votées à la Chambre des représentants et au Sénat américain pour autoriser la venue aux États-Unis du président taïwanais qui doit s'exprimer devant les étudiants de l'université Cornell les 9 et 10 juin. Ce voyage est une étape aussi audacieuse que symbolique pour rompre l'isolement officiel de Taïwan sur la scène internationale et sortir – un peu – d'un tête-à-tête étouffant avec Pékin. La Chine est furieuse contre les États-Unis et qualifie Lee de « traître ».

Le discours ferme et vibrant du Taïwanais à Cornell est une défense de l'identité, de la souveraineté de son pays et de sa pratique démocratique, qui est l'exact opposé du modèle imposé sur le continent. Il cite Vaclav Havel, évoque un « communisme mort ou agonisant » et vante les « réalisations taïwanaises [qui] pourraient très certainement contribuer au processus de libéralisation économique et à la cause de la démocratie en Chine continentale. [...] Les besoins et les souhaits de mon peuple m'ont guidé à chaque étape. J'espère seulement que les dirigeants de la Chine continentale pourront un jour être guidés de la même manière ». Les mots sont forts, mais ce qui agace Pékin par-dessus tout est l'utilisation répétée de la terminologie « République de Chine à Taïwan » dans le speech de Lee. Les dignitaires chinois l'interprètent comme une remise en cause de la formule « Une seule Chine ».

En juillet 1995, Pékin passe aux mises en garde directes avec une série de tirs de missiles dans les eaux taïwanaises. Ces menaces marquent le début de la troisième crise du détroit. Elle va durer jusqu'en mars de l'année suivante, au lendemain de la présidentielle. Le 23 mars 1996, Lee devient le premier président élu au suffrage universel de Taïwan, avec 54 % des voix. « La porte de la démocratie est désormais complètement ouverte. » Mais à Pékin, d'autres se referment.

Tsai vit cette crise au premier plan. Elle est consultante pour le CAC et siège en parallèle au stratégique Conseil de sécurité nationale placé sous l'autorité de Lee Teng-hui. Elle préside le groupe de rédaction et de recherche sur la loi relative aux relations entre Hong Kong et Macao entre 1994 et 1995. Trois ans plus tard, elle est bombardée porte-parole de Koo Chen-fu, le président de la SEF, lors de sa visite en Chine en 1998 pour rencontrer son homologue de l'Arats, Wang Daohan. L'experte sort de l'ombre et est remarquée en « négociatrice chevronnée », note Douglas H. Paal, directeur de l'Institut américain de Taïwan, qui fait office d'ambassadeur à Taipei, dans un mémo classifié de janvier 2006 révélé par Wikileaks.

La tension avec Pékin ne retombe pas. Une nouvelle crise

éclate le 9 juillet 1999. Lee Teng-hui accorde une interview à la radio allemande Deustche Welle qui ulcère le régime chinois. « Depuis l'introduction de ses réformes constitutionnelles en 1991, [la République de Chine] a redéfini ses relations avec la Chine continentale comme étant des relations d'État à État ou, du moins, des relations spéciales d'État à État. » La déclaration à un média dont le pays a connu la division, et qui a échafaudé sa réunification selon la formule une nation, deux États, a-t-elle été faite à dessein pour produire plus d'effet et obtenir plus de soutien ? Elle est en tout cas perçue comme une provocation, y compris par les États-Unis qui se désolidarisent de leur protégé jugé irresponsable à quelques mois d'une présidentielle sous pression. La presse chinoise vilipende Lee comme un « rat », le « numéro 1 des merdes de la nation ».

Du fait de sa relation privilégiée avec Lee, Tsai Ing-wen a été créditée de cette trouvaille sémantique de « relation d'État à État ». Est-elle celle qui a glissé la formule dans les éléments de langage avancés par le président, la « source intellectuelle » selon le mémo déclassifié des Américains ? « C'est un peu exagéré, nuance Lai I-chung, le président du groupe de réflexion Prospect Foundation et ancien directeur général des départements des affaires chinoises et internationales du PDP. L'administration Lee avait constitué une importante task force et beaucoup de personnes travaillaient sur cette relation spéciale d'État à État. » En 1994, Taïwan avait d'ailleurs publié un livre blanc dans lequel il était écrit que « les deux rives du détroit devraient coexister comme deux entités juridiques distinctes sur la scène internationale ». Dans ce document, Taipei avait déjà formulé ses vues sans créer plus de vague alors.

« Au CAC, Tsai supervisait une équipe de recherche, en particulier dans les pays européens, sur la manière dont ils considéraient le statut de Taïwan. Les résultats de cette étude ont d'ailleurs constitué un avertissement très inquiétant pour Taïwan, car de nombreux Européens estimaient à l'époque que l'île devait faire partie de la Chine, se souvient Lai I-chung dans les bureaux climatisés de sa fondation dans le sud de Taipei. Ce groupe d'experts a estimé qu'il était important, au moment où les négociations devaient bientôt reprendre avec la Chine [à l'automne, le représentant chinois Wang Daohan est attendu à Taipei, NDLR], de faire connaître sa position avec force. »

Cette « relation d'État à État » n'était pas une gaffe. « Lee Teng-hui avait immédiatement retenu ce concept, et le moment de le mettre en circulation était entièrement à son initiative, écrit le sinologue Jean-Pierre Cabestan. Il semble que la rapidité de sa réaction ait surpris jusqu'à ses plus proches conseillers, dont Koo Chen-fu, qui a pris connaissance de cette nouvelle formulation par voie de presse. »

Tsai Ing-wen n'était pas la seule à forger le concept, mais elle était bien au cœur de la task force qui en est à l'origine. Seize ans après son retour à Taïwan, la jeune « techno », intello et discrète, est devenue un rouage essentiel de l'administration Lee. Elle est dans le feu de l'action et de l'expertise. Puis à partir de mai 2000, Tsai Ing-wen est nommée présidente du CAC et ministre sans portefeuille. Cette fois, elle entre pour de bon en politique. Sur la pointe des pieds.

# Sur la pointe des pieds

À peine nommée, Tsai Ing-wen a-t-elle manqué de se faire virer ? Nous sommes au printemps 2000. Le KMT vient de perdre la présidentielle et le pouvoir. Une défaite historique. Le vieux parti nationaliste est arrivé miné par les divisions au scrutin présidentiel. Pour le représenter, il a choisi le terne et hautain Lien Chan, un candidat moins populaire, moins bien organisé et connecté que James Soong, que les sondages donnaient pourtant favori. Ce dernier décide de se lancer en indépendant. Il est aussitôt expulsé du KMT. Le président sortant Lee Teng-hui, qui ne peut briguer de nouveau mandat, s'est rapproché du camp vert prodémocratique au cours des dernières années de sa présidence. En se cachant à peine, il fait donc campagne pour le candidat du PDP, Chen Shui-bian. C'est lui qui remporte la présidentielle le 18 mars 2000, avec à peine plus de trois cent mille voix d'avance sur James Soong.

Le KMT défait, Taïwan entame sa première alternance démocratique. En mai, la nouvelle administration se met en place. Tsai Ing-wen est nommée à la présidence du CAC. Fini les seconds rôles, les coulisses. Elle s'empare d'un poste plus politique, plus exposé qui équivaut à celui de ministre des Affaires chinoises. Si elle ne quitte pas totalement les bureaux et les longues heures de négociation technique, elle apparaît désormais plus souvent devant les caméras ou les micros. Tsai devient la première présidente du CAC à affronter officiellement la Chine. Une femme face à la brochette de dignitaires communistes. C'est une première, pas la dernière.

« Le poste de président du Conseil des affaires continentales est probablement le poste le plus difficile de l'administration ministérielle, selon la newsletter Formosana. Car, outre la modicité des budgets et la complexité des affaires, il faut souvent se battre sur trois fronts : affronter le Parti communiste en première ligne, traiter avec le parti d'opposition d'un côté et composer avec les extrémistes de son propre parti. » Tsai apprend, aux côtés d'un chef d'État qui tâtonne.

À la présidence, Chen Shui-bian prend ses marques. Il s'efforce de « montrer plus de considération envers la sensibilité de la Chine continentale que son prédécesseur, auquel on a pu reprocher un excessif mépris des formes, si importantes pour les dirigeants continentaux », écrit le sinologue Jean-Pierre Cabestan. Il tente de renouer un dialogue avec Pékin en proposant un cadre global.

« Nous sommes persuadés que les dirigeants de chaque rive ont suffisamment de sagesse et de créativité pour résoudre ensemble la question d'une future "Chine unique", dit-il lors de son discours d'investiture, le 20 mai. Aussi longtemps que le régime du Parti communiste chinois n'utilisera pas la force contre Taïwan, je fais le serment, tout au long de mon mandat, de ne pas déclarer l'indépendance, de ne pas changer le nom officiel du pays, de ne pas pousser à l'inscription dans la Constitution de la formule des relations d'"État à État" [qui avait tant fâché le régime chinois sous la présidence Lee, NDLR] et de ne pas promouvoir la tenue d'un référendum visant à changer le *statu quo* en matière d'indépendance ou de réunification. » Le nouveau pouvoir à Taipei est en quête de consensus. Il tâtonne, tend la main à Pékin.

Un mois plus tard, lors de sa première conférence de presse, Chen propose au président chinois Jiang Zemin un sommet sur le modèle de celui qui venait de réunir les leaders sud-coréen et nord-coréen à Pyongyang. Les Chinois exigent un préalable : la reconnaissance du principe d'une seule Chine.

Le 27 juin, Chen Shui-bian va bien plus loin. Devant des membres de l'Asia Foundation américaine et de son président William Fuller, il se dit prêt à accepter le consensus de 1992 selon lequel « il n'y a qu'une seule Chine, mais chaque partie peut avoir sa propre interprétation ». C'est le branle-bas dans le PDP, la présidence et le CAC. Chen n'a pas prévenu ses conseillers. Au PDP, qui compte alors des bataillons de militants indépendantistes, certains craignent que le président veuille trop plaire à la Chine. Il faut éteindre le feu.

La mission est confiée à Tsai. Dès le lendemain, elle monte au front lors d'une conférence de presse organisée en urgence. Elle est chargée de l'explication de texte qui, sur le fond, a tout d'un recadrage du président Chen. Même si elle prend soin de dire que ces dernières déclarations sont cohérentes avec la conférence de presse du 20 juin, elle marque ses distances : « "Une seule Chine, chaque partie ayant sa propre interprétation" est le terme utilisé par notre gouvernement pour décrire le processus de négociation de 1992 [lors d'une réunion de la SEF de Taïwan et de l'Arats de Pékin]. Nous n'avons jamais accepté le principe de la Chine unique de la RPC », tranche-t-elle en rappelant l'échec des discussions de 1992.

En négociatrice rompue aux discussions techniques et en ancienne universitaire, elle rappelle le contexte. « Lors de la réunion de 1992, les deux parties avaient discuté de la manière de résoudre le problème de la Chine unique, mais elles n'étaient pas parvenues à une solution. Par conséquent, nos représentants ont suggéré que chaque partie puisse interpréter la question [elle-même]. La Chine a alors faxé une réponse indiquant qu'elle respectait notre suggestion. »

Malgré l'incident public, et probablement conscient que son faux pas ne doit pas virer à la crise politique, Chen Shui-bian décide de garder Tsai à la tête du CAC. « Elle est l'un des personnages clés de la première équipe gouvernementale, écrivent Jean-Pierre Cabestan et Benoît Vermander. Début mai, elle a déclaré que la République de Chine renonçait à la théorie des “relations spéciales d’État à État” – dont elle a été pourtant l’une des artisans – sans pour autant réfuter sa réalité ». Tsai Ing-wen consulte, lit, discute, sonde les relations interdétroit. Accro au boulot, aux notes, aux rapports, comme la décrivent ses amis politiques et ses anciens conseillers. « L’essentiel de ses déclarations se caractérise par une grande prudence et, sur le fond, une grande fermeté vis-à-vis de la RPC, notent Cabestan et Vermander, même si le ton se veut aussi conciliant que possible. L’internationalisation accrue de la RDC, notamment par le biais de l’accession à l’OMC, est implicitement présentée comme la meilleure réponse à l’offensive pékinoise. »

Cette dimension internationale va devenir la marque de fabrique, le projet, de Tsai. Sans craindre la grandiloquence pour une responsable qui s’affiche en prudente et en modeste, on peut même parler d’une réelle vision politique esquissée à la fin des années 1990. Elle va la mettre en musique au CAC puis la porter à la présidence durant huit ans. Ce sera même l’une de ses réussites politiques et l’un de ses principaux et précieux legs pour ses successeurs à la tête du pays. Taïwan, qui était seulement considérée comme un problème chinois, une affaire régionale concernant une petite île en banlieue dans l’orbite de Pékin, est désormais un enjeu de première importance pour la stabilité économique et stratégique de toute la région, un archipel au cœur des questions commerciales, industrielles, de santé, de défense et de libertés démocratiques. Tsai Ing-wen n’est évidemment pas parvenue seule à cette situation, mais elle a été l’une des quelques responsables à vouloir faire sortir Taïwan de ses frontières, à l’insérer sur la scène internationale dans des relations de plus en plus nourries avec les États-Unis, l’Europe et les démocraties japonaise et sud-coréenne. Pour mieux s’extraire du tête-à-tête avec Pékin.

Au CAC, elle procède avec méthode et une certaine habileté. « Tsai n'est pas vraiment une politique, mais une bureaucrate. Elle a commencé à attirer l'attention, car elle semblait gérer assez bien ces questions, se souvient Lai I-chung, le directeur du groupe de réflexion taïwanais Prospect Foundation. La politique chinoise a toujours été un casse-tête pour le PDP, en particulier à l'époque de Chen Shui-bian. Mais Tsai a été capable de traiter de nombreuses questions politiques sensibles en les abordant sur le plan juridique. Quand vous l'envisagez de cette manière, vous changez le cadre de la discussion et vous êtes moins soumis à l'interprétation politique, car vous vous concentrez sur la procédure et la limite juridique pour les actions à entreprendre et non sur les demandes politiques de la Chine. » Moins de passion, plus de raison, notamment pour démontrer que le PDP est capable de maintenir la paix et la stabilité dans le détroit.

Pragmatique, elle valide en 2001 l'ouverture des « trois miniliaisons » pour faciliter les échanges commerciaux, postaux et les transports entre les îles (Kinmen, Matsu) et le continent. Cela n'a l'air de rien, mais on est à mi-chemin du symbolique et du politique sans multiplier les risques. Elle veille également à protéger les investissements taïwanais et à contrôler l'ouverture du commerce direct avec la Chine, avant d'envisager l'établissement de liaisons maritimes et aériennes directes. L'administration Chen doit également rester en alerte face aux velléités chinoises de « saboter l'unité de Taïwan », comme le dit le président. Invitation de larges délégations d'élus taïwanais en Chine, autorisation à l'ouverture d'un bureau du KMT à Pékin, le régime chinois teste le nouveau pouvoir à Taipei et les réelles intentions du PDP en jouant la division. Chen parle d'intégration commerciale et culturelle. Tsai évoque une « intégration politique », qui est reprise par le PDP, mais sans élaborer en détail, sans accepter de répondre aux exigences de la Chine. Elle indique que rien ne pourra se faire sans l'assentiment du peuple taïwanais, mais seulement à l'issue d'un consensus le plus large possible. Cette ligne de conduite est un principe auquel elle s'est toujours tenue.

En 2004, Tsai Ing-wen est la première présidente à achever un mandat complet (de quatre ans) au sein du CAC. Personne n'a depuis battu ce record. Dans les sondages de satisfaction des membres du cabinet, elle est en tête pendant les quatre années consécutives de son mandat. Avec le Yuan législatif (le Parlement taïwanais), elle est parvenue à élaborer le « Règlement sur les personnes ayant des relations interdétroit », réussissant même à travailler avec des élus du KMT, en dépit des relations exécrables entre le camp bleu (KMT) et le camp vert (PDP). « Elle a fait un boulot remarquable au CAC, estime Yao Ten-jo, ancien secrétaire général adjoint du cabinet présidentiel, qui n'a pourtant pas la langue dans sa poche quand il s'agit de critiquer son ancienne patronne pour sa raideur. Elle a cette capacité à s'emparer de sujets compliqués auxquels personne ne comprend rien. »

Tsai Ing-wen commence à être connue dans toute l'île. « En transformant les termes de la discussion sur la politique de la Chine, elle a attiré l'attention de la direction du PDP, reprend Lai I-chung. Elle n'était pas membre du KMT, mais elle restait très proche de Lee Teng-hui, l'ancien président. Ses connexions politiques et ses amis au gouvernement étaient dans le camp bleu. Après l'arrivée au pouvoir de Chen, elle est devenue l'une des étoiles montantes de l'administration PDP et le parti a pensé qu'elle pourrait être un atout supplémentaire. C'est ainsi qu'elle a été propulsée sur le devant de la scène politique et que sa carrière est entrée dans une autre dimension. »

En 2004, Tsai Ing-wen prend donc sa carte au parti, quitte le CAC après quatre années denses et entre dans une période d'activités et de responsabilités frénétiques. Elle est nommée conseillère du président Chen Shui-bian, réélu d'une très courte tête pour un second et dernier mandat. L'année suivante, elle rebondit au Yuan législatif comme élue nationale mais sans circonscription. Avant d'être nommée vice-Première ministre en janvier 2006.

Son arrivée dans les hautes sphères politiques de Taïwan suscite une curiosité appuyée de l'administration américaine. Douglas H. Paal, le patron de l'Institut américain de Taïwan, se fend d'un mémo biographique élogieux. Daté du 23 janvier, quatre jours après la nomination de Tsai au poste de vice-Première ministre, il est expédié à la CIA, aux départements du Commerce, du Trésor, aux secrétariats d'État et à la Défense et au commandement militaire américain pour le Pacifique.

Tsai Ing-wen y est qualifiée de « négociatrice tenace, extrêmement capable et très persuasive ». « Avec son expérience de présidente du CAC de 2000 à 2004, elle pourrait avoir plus d'influence sur les questions interdétroit qu'aucun autre de ses prédécesseurs vice-Premiers ministres. » Douglas H. Paal avance que le « choix de Tsai vise à consolider les références du nouveau cabinet en matière d'économie et de finances » dont manque le Premier ministre.

Le représentant américain revisite la brillante formation de la vice-Première ministre et ses nombreux états de service pour mieux esquisser son engagement d'experte déterminée sur le terrain politique. « Elle était également à l'origine de la politique d'ouverture active et de gestion efficace des échanges économiques entre les deux rives du détroit adoptée par le président Chen à la fin de l'année 2001 », poursuit le mémo. Douglas H. Paal rapporte que Tsai « a gagné le respect des élus du Parlement » quand elle était à la tête du CAC. « Elle était dure mais s'exprimait de manière claire et convaincante. » Paal s'attend à travailler avec une leader « bien informée des dossiers », « une initiée avisée dans la formulation et la mise en œuvre des politiques du parti au pouvoir » et qui « parle un anglais parfait ». Le patron de l'Institut américain finit par une curieuse remarque : « Elle est le genre de parlementaire très douée pour trouver des raisons de ne pas faire les choses. » Est-ce une manière de souligner ses prudences et son refus d'agir sous la contrainte qu'elle a parfois démontrés ces dernières années ?

Tsai n'a pas encore 50 ans quand elle devient vice-Première ministre. Elle s'attelle à développer les industries innovantes, notamment dans le secteur de la biotechnologie. La politique interdétroit est tout sauf un long fleuve tranquille. Pékin a fait passer en 2005 une loi antisécession visant à prévenir toute tentative d'indépendance des autorités taïwanaises et à légaliser le recours à la force en cas de déclaration. Environ un million de Taïwanais manifestent dans les rues à l'appel du gouvernement Chen Shui-bian le 25 mars de cette année-là. Mais les gesticulations pro-indépendance n'agacent pas qu'à Pékin. Les États-Unis sont de plus en plus excédés par les sorties bruyantes et les incohérences du président. Surtout, Chen est rattrapé par des scandales et des accusations de corruption dans sa propre famille qui fragilisent le PDP et hypothèquent le gouvernement. Quand le Premier ministre démissionne en mai 2007, Tsai quitte aussitôt le gouvernement. Le PDP est déjà en crise. Le KMT se frotte les mains pour la présidentielle qui arrive. Tsai va alors plonger dans le grand bain.

# Sauver le parti

Quand il se remémore l'année 2008, Tsai Chi-chang évoque un voyage dont on ne revient pas forcément : « Nous étions alors dans la vallée de la mort », raconte le vice-président du Parlement taïwanais et pilier du PDP. Le PDP est aujourd'hui au pouvoir, incarné par Tsai Ing-wen à la présidence, en force à la Chambre. Et Tsai Chi-chang est confortablement installé dans ses fonctions depuis huit ans sans discontinuer. Le large vestibule et le couloir qui mènent à son bureau et aux salles de réception sont ornés de messages d'amitié et de belles orchidées expédiées pour son anniversaire qui témoignent de la respectabilité actuelle de la fonction et de l'institutionnalisation du parti.

Difficile d'imaginer qu'il y a quinze ans à peine, le PDP était moribond, en phase terminale. « Nous avions été frappés très durement. Personne ne voulait prendre la responsabilité du chaos », se souvient Tsai Chi-chang devant sa tasse de thé vert. Les révélations en cascade sur les scandales de corruption, d'abus de pouvoir et de fraude du président Chen Shui-bian et de sa famille, ses foucades dans la conduite des affaires politiques et des relations avec la Chine ont miné le parti, semé le doute et le mépris dans le camp prodémocrate. « L'intégrité du PDP était au plus bas, son image et sa moralité catastrophiques. Les défaites électorales ont été très lourdes », poursuit Tsai.

Les élections législatives donnent une indication très claire du message que les électeurs entendent faire passer au PDP. Le 12 janvier 2008, le parti présidentiel perd 62 sièges au Parlement et n'en conserve que 27 face aux 81 élus du KMT. La raclée électorale est encore plus forte trois mois plus tard. Le 22 mars, le candidat du KMT, Ma Ying-jeou, remporte haut la main la présidentielle avec 58,45 % des suffrages et plus de 2 millions de voix d'avance sur le candidat du PDP. La carte électorale donne à voir une île de Taïwan toute bleue, avec seulement 5 comtés verts au sud de l'archipel : les bastions traditionnels du PDP ne parviennent pas à masquer l'ampleur de la défaite. La crise est grave et interroge sur l'avenir du parti, de l'opposition et du camp prodémocrate dans son ensemble.

« C'étaient des jours sombres, suffocants, car le parti était en train de se désintégrer totalement, se souvient Lai I-chung, qui a vécu de l'intérieur cette descente aux enfers. Il y avait des dizaines de poursuites judiciaires engagées par le KMT contre le PDP. L'exemple le plus fameux est l'ordre donné par le nouveau président, Ma Ying-jeou, pour arrêter son prédécesseur, dans l'heure qui a suivi son départ du palais présidentiel. Et il n'y avait pas que Chen qui était visé, mais aussi des élus du PDP, ceux qui avaient été dans le gouvernement. Le but recherché était non seulement de décapiter le parti, mais également d'effrayer les réseaux militants, ceux qui aidaient et donnaient de l'argent. »

Au sein du PDP, la panique est de mise et le désespoir profond. Certains redoutent le retour des jours de répression, de lutte pour la survie face à un KMT surpuissant, revenu au pouvoir et assimilé, dans l'esprit des partisans prodémocrates, au parti pro-Chine qui abrite tant de continentaux. Le PDP tente de s'organiser pour quitter la « vallée de la mort ». Tout est à reconstruire. Des noms circulent pour reprendre les rênes. « Nous avions besoin d'un leader qui nous rassemble face au désarroi, poursuit Lai I-chung. Il fallait faire tenir ce qui restait afin d'éviter que le parti ne s'effondre encore plus. »

Depuis sa création en 1986 à Taipei, alors que le pays est encore soumis à la loi martiale, le PDP s'est constitué pour accompagner la démocratisation du régime, l'ouverture du système politique, la justice sur les crimes des années de dictature. Ses membres fondateurs portaient également l'ambition de se battre contre la corruption au sein du parti-État, le KMT, et de défendre la culture et l'identité de Taïwan. Le PDP a alors une image et une action souvent localistes. Hostiles à toute unification avec la Chine, une partie des militants sont engagés en faveur de l'indépendance.

Koo Kwang-ming est l'un des représentants de ce courant. Il est l'un des premiers à sortir du rang pour sauver le parti en 2008. Milliardaire et proche des Japonais, il a 82 ans et entend utiliser son propre argent pour éviter la banqueroute. Mais son âge et son rapport à l'argent dans un parti rattrapé par les affaires de fraude et de corruption sont mal perçus. Pour ne rien arranger, Koo Kwang-ming se laisse aller à de minables sorties misogynes, allant questionner la capacité des femmes à gérer une telle crise, *a fortiori* quand elles sont célibataires. La charge vise Tsai Ing-wen.

Au début, l'ex-vice-Première ministre n'est pourtant candidate à rien. « Ce n'est pas une politique. Et puis, elle n'était membre du PDP que depuis quatre ans, sans beaucoup de connexions dans le parti, sans être familière à sa culture, ses militants. Je dirais même qu'alors, elle ne s'identifiait pas comme étant une représentante du PDP. Mais certains estimaient que sa modération, son image intègre pourraient aider le parti à s'extraire des accusations de corruption. Ils lui ont demandé de se porter candidate. »

L'universitaire Yao Ten-jo est alors membre du PDP. Il pense avoir trouvé une solution. Un matin, il va trouver Tsai Ing-wen. « Nous étions dans une telle crise ! Tout le monde était coupable, sauf elle. Elle avait réussi au Conseil des affaires continentales, elle était calme, intègre, travailleuse, parlait parfaitement anglais. Et les hommes, des politiques classiques, étaient tellement nuls. Je lui ai dit : “Vous devez être notre présidente.” Elle a écarquillé les yeux. Elle n’y avait pas pensé. Puis, elle m’a demandé de rédiger une note pour expliciter les raisons d’une telle candidature. Une note ! C’est du Tsai tout craché, s’amuse encore aujourd’hui Yao Ten-jo entre deux bouffées de blonde dans un bar de Taipei, un après-midi de mai 2023. C’est une universitaire, elle aime les rapports, les documents écrits avant de se faire une opinion. » Yao s’exécute. Il écrit cette note et l’expédie à Tsai. Quand ils se revoient deux semaines plus tard, elle a pris sa décision. Elle descend dans l’arène politique. En mai 2008, la jeune quinqua célibataire et sans enfant est élue à la tête du parti haut la main face au cacique octogénaire Koo Kwang-ming.

Cette élection est une rupture pour le PDP et pour Taïwan. C’est la première fois qu’une femme dirige un parti dans un pays et une société patriarcale et conservatrice. À ce moment-là, Tsai Ing-wen est une atypique de première catégorie. « Universitaire, éduquée à l’étranger, elle faisait partie de l’élite et arrivait dans un parti où les militants de base parlent fort et jurent à tout-va », rappelle Yao Ten-jo.

Directeur du département politique du PDP et parlementaire depuis 2016, Lo Chih-cheng est un proche de Tsai Ing-wen. Il se souvient d’une des premières réunions avec la nouvelle patronne du parti. « Lors des comités directeurs, les gens avaient l’habitude de parler taïwanais », dit-il. Longtemps, il s’agissait même d’un acte de résistance puisque, dans sa stratégie de sinisation, le KMT avait tenté d’éradiquer la langue locale et tous les dialectes de l’île. « Tsai ne parlait pas bien le taïwanais, reprend Lo. Elle a décidé que l’on s’exprimerait dorénavant en mandarin. Elle a dû rassembler le parti alors qu’elle n’en était pas un membre historique, composer avec différentes générations, des dissidents, des loyalistes, des indépendantistes. Mais de nombreux jeunes étaient convaincus qu’elle pouvait changer la donne par rapport à tous les autres. Il nous fallait une nouvelle image, une nouvelle marque en quelque sorte, pour représenter le parti. Elle était tellement différente de tous nos leaders, plus intello, plus réservée et fraîche. »

Les militants sont un peu déroutés au départ. Fini les discours passionnés des leaders, les effets de manche, les mâles envolés sur les estrades et les promesses généreuses sans lendemain. « Elle m'a dit que ce n'était pas son style, se souvient Tsai Chi-chang. Elle parlait très calmement, doucement, parfois avec une petite voix. Elle était convaincue qu'en s'exprimant ainsi, les gens feraient un effort, tendraient l'oreille, se rapprocheraient du parti et écouteraient ce qu'elle voulait dire. »

La révolution Tsai – qui ne dit pas son nom – n'est pas qu'une question de forme. La stratégie du PDP change aussi. La nouvelle patronne veut en finir avec une forme d'entre-soi. Elle ouvre le parti à la société civile, aux ouvriers, aux agriculteurs et surtout aux jeunes générations. Les trentenaires et quarantenaires sont recherchés. « Elle les voulait dans les instances et dans des groupes de travail pour relancer l'activité politique, reprend Tsai Chi-chang. Elle souhaitait aussi changer l'image, élargir l'audience, les sujets de discussion. Et dans son esprit, ce n'était pas possible de continuer à ne parler que taïwanais. » Le parti élabore une nouvelle plateforme et définit de nouvelles règles de discipline et d'évaluation, ainsi qu'un processus de nomination. Trop longtemps, il a été la proie des factions.

Quand elle prend ses quartiers au PDP, elle installe deux petits drapeaux sur son bureau : celui du parti et celui de la RDC. « C'est un détail, mais ses prédécesseurs ne parlaient jamais de la RDC mais de Taïwan », note Tsai Chi-chang. L'anecdote n'est pas que symbolique. Elle signifie combien la nouvelle patronne entend s'approprier le nom officiel du régime et ne pas laisser au seul KMT l'usufruit de l'appellation et la légitimité qui l'accompagne. « À partir de 2008, Tsai a commencé à faire passer l'idée que la RDC représentait la nation, qu'elle était liée à Taïwan, reprend le vice-président du Parlement. À la différence des anciennes générations indépendantistes du PDP qui appelaient à l'instauration de la république de Taïwan – ce qui avait le don d'agacer la Chine –, elle a décidé d'accoler les deux noms et de parler de plus en plus de *statu quo* dans le détroit, sans se référer à la politique d'une seule Chine. » Tous ces choix sémantiques ne sont pas toujours lisibles et exempts de maladresses, mais le débat est lancé.

La priorité absolue de Tsai dans les premiers mois de présidente du PDP est de stopper l'hémorragie financière. « Nous étions en banqueroute, nous n'avions plus d'argent, rappelle Lai I-chung. Elle a dit aux permanents du parti que leurs salaires allaient être baissés de moitié. C'était dur et très impopulaire. Mais comme la plupart des gens de ce parti étaient d'origine modeste, ils l'ont accepté. » Surtout, Tsai Ing-wen s'emploie à prendre toutes les distances possibles avec les années et les pratiques de la présidence de Chen Shui-bian. « Elle ne voulait pas recevoir de l'argent des conglomérats, des grandes entreprises, être renflouée par des milliardaires, c'était une question de principe, complète son ancien *speechwriter*, Yao Ten-jo. Elle a fait passer le message publiquement. On a commencé à recevoir des dons, des enveloppes de militants, de Taïwanais. Ce n'étaient pas de grosses sommes, mais il y avait beaucoup de donateurs. C'était assez incroyable, quand on sortait dans la rue, lors de meetings ou d'événements du parti, les gens venaient nous trouver et nous glissaient des billets de 500 ou 1 000 dollars taïwanais (15 ou 30 euros) de la main à la main. Et Tsai elle-même a donné une partie de son argent pour sauver son parti. »

C'est lent et épuisant, mais la confiance revient peu à peu chez les militants, et dans l'opinion, l'image du PDP reprend des couleurs. Ils constatent que beaucoup d'accusations lancées par le KMT ne débouchent sur quasiment aucun procès, même si le président Chen est inculpé en décembre 2008. « Tout cela était politique, de très nombreux cas ont été classés sans suite faute de preuve », rappelle Lai I-chung. Les Taïwanais se rendent également compte que le parti est un rempart nécessaire dans le tête-à-tête pressant qui oppose Taipei à Pékin. Et que le KMT, aux positions ambiguës vis-à-vis de la Chine, ne peut pas jouer ce rôle. « Les militants voulaient que Tsai sauve le parti, seule structure politique locale, pas importée du continent [comme le KMT, NDLR], reprend Yao Ten-jo. Si le PDP disparaissait, c'en était fini de Taïwan. »

En mai 2009, le PDP fait descendre dans les rues de Taipei et de Kaoshiung des dizaines de milliers de supporters pour harponner la politique du président Ma Ying-jeou, arrivé au pouvoir un an plus tôt. Une fois n'est pas coutume, Tsai Ing-wen monte au front en cheffe de l'opposition. Elle tape sur Ma et ses mauvaises performances économiques alors que la crise financière de 2008 secoue les pays industrialisés. Surtout, elle cible ses relations avec la Chine. « Nous ne sommes pas d'accord avec la politique de Ma, qui considère la Chine comme le seul salut pour Taïwan ! Ma Ying-jeou a échangé la souveraineté de Taïwan contre des avantages économiques irréalistes de la part de la Chine, décoche-t-elle devant des milliers de militants le 17 mai. Il a remis le destin et l'avenir des Taïwanais entre les mains de la Chine. Les négociations entre Ma et la Chine n'ont jamais été supervisées par notre Yuan législatif et n'ont pas obtenu le consentement de notre peuple. Il s'agit d'un gouvernement antidémocratique ! » Puis, elle en appelle à la foule. « Si les hirondelles partent, elles reviendront un jour ; si un cycle économique s'effondre, il repartira de plus belle. En revanche, si un pays est perdu, il ne réapparaîtra jamais. [...] Je lance aujourd'hui le "Mouvement des citoyens pour la protection de Taïwan". Commençons dès aujourd'hui ! Tous les citoyens s'unissent, protégeons notre démocratie et protégeons Taïwan ! »

Tsai commence à être entendue. La descente aux enfers

semble enrayée. Entre septembre 2009 et février 2010, le PDP remporte six élections législatives partielles face au KMT. « Tsai Ing-wen a vu sa compétence et son autorité de plus en plus reconnues », rappelle Lo Chih-cheng. Dans sa stratégie d'ouverture, elle entame des visites à l'étranger, notamment au Japon. Elle est sur les plateaux de télé, donne des interviews à la presse et force sa nature de timide. Lors d'un débat en avril 2010 qui l'oppose à Ma Ying-jeou, elle critique le projet d'Accord-cadre de coopération économique (ECFA) entre Taïwan et la Chine qui vise à réduire les tarifs douaniers et les barrières commerciales sur de nombreux produits et services. Le président entend mettre l'accent sur les accords plutôt que sur les divisions pour normaliser les relations avec l'autre rive du détroit et relancer la croissance économique taïwanaise. L'ECFA est largement débattu à Taïwan. Jamais les deux rives du détroit n'ont discuté d'un tel accord d'interdépendance depuis 1949.

L'entente « protégera les investissements taïwanais et les droits de propriété intellectuelle sur le continent, assure Ma. Nous protégerons la souveraineté de Taïwan lorsque nous négocierons les détails avec Pékin ». Il ajoute que ce pacte permettrait d'accroître les exportations taïwanaises vers la Chine et de réduire le taux de chômage sur l'île.

Tsai objecte que l'ECFA forcera Taïwan à s'ouvrir aux importations de produits chinois bon marché, ce qui à terme impactera toute l'économie de l'archipel. Elle suggère de mener ces négociations dans le cadre de l'OMC, afin d'offrir à l'île davantage de protections et de garanties. Puis, elle avance que « la classe ouvrière, les agriculteurs et les personnes qui perçoivent des salaires fixes sont ceux qui souffriront le plus des changements économiques provoqués par l'ECFA ».

En bonne opposante, Tsai s'est saisie de l'émotion provoquée par cet accord dans la société taïwanaise dont une partie redoute une unification rampante. C'est le sens des sondages d'opinion menés à ce moment-là. Les partisans de l'unification représentent à peine 15 % de la population. « Ceux qui soutiennent le principe d'un "*statu quo* maintenant, indépendance plus tard" ont nettement augmenté depuis le retour du KMT aux affaires, et plus encore depuis la signature de l'ECFA », note le chercheur Barthélemy Courmont en 2014. Cet accord-cadre va laisser des traces. Tsai entend bien suivre ce dossier qui touche autant au droit, à la politique qu'au commerce, sujets sur lesquels elle s'exerce depuis trente ans. Petit à petit, la question des liens économiques plus étroits avec la Chine refaçonne le débat national et donne des arguments à l'opposition. Tsai l'a bien perçu.

Pour l'heure, la présidente du PDP tente à son tour sa chance aux élections locales en décembre 2010. Elle se présente à la mairie de New Taipei, une municipalité nouvelle au nord de la capitale taïwanaise. Mais elle perd face au candidat du KMT. « C'était une erreur. Elle ne comprenait rien à cette ville, n'y connaissait rien. En réalité, elle aurait voulu se présenter à Taipei, mais elle a dû laisser sa place à Su Tseng-chang, l'ancien Premier ministre qui était en embuscade. Tsai Ing-wen est une naïve, parfois une idiote, en politique », cingle Yao Ten-jo. Ses soutiens nuancent qu'elle n'a perdu que de cent dix mille voix et face à un baron du KMT.

Une autre élection, autrement plus importante, pointe à l'horizon : la présidentielle de 2012. Tsai déclare sa candidature en mars 2011. Un sondage téléphonique effectué auprès de quinze mille électeurs la place comme la candidate la plus capable de battre Ma Ying-jeou, qui se représente. Ce dernier vante l'« apaisement des relations entre les deux rives », la « trêve diplomatique » et les « dividendes de la paix ». Il enchaîne la signature d'accords bilatéraux avec Pékin. De son côté, Tsai promeut l'idée du « consensus de Taïwan » lors de la campagne et met en avant les principes de souveraineté, de démocratie. Elle dénonce la proposition du président Ma de signer un accord de paix avec la Chine qui, à ses yeux, fragiliserait l'archipel.

Surtout, elle relègue le thème de l'identité pour mettre l'accent sur les questions économiques. « Elle a calculé que les électeurs du camp vert voteraient de toute façon pour elle, et que la nouvelle position du parti sur les questions socio-économiques lui permettrait de gagner les mécontents de la politique de Ma », analyse en 2013 Wu Yu-Shan, professeur de sciences politiques à l'université nationale de Taïwan.

Pendant les huit mois et demi qu'a duré sa campagne présidentielle, Tsai mène la vie dure à ses troupes, notamment pour son souci du détail. « Elle arrêtait son cortège à mi-chemin lors de ses déplacements et demandait que les véhicules soient réalignés si elle pensait qu'ils ne l'étaient pas, raconte un porte-parole du parti dans les colonnes du *Taipei Times* en janvier 2012. Et elle vérifiait ses promesses avant de monter sur scène : "Nous devons nous assurer que cela peut être fait." »

Mais la stratégie peine à séduire pleinement. Le 15 septembre 2011, alors que la candidate entame une visite de dix jours aux États-Unis, un article du *Financial Times* (*FT*) vient plomber sa campagne. Il rappelle combien la paix dans le détroit de Taïwan revêt une « importance cruciale » pour les États-Unis et questionne la légitimité de Tsai. « Elle nous a laissé de sérieux doutes quant à sa volonté et à sa capacité de maintenir la stabilité des relations entre les deux rives du détroit dont la région a bénéficié ces dernières années », s'inquiète un « haut fonctionnaire américain » dans le *FT*. La déclaration découle-t-elle d'une mésentente, voire d'une rivalité, entre la Maison Blanche, d'où serait parti le commentaire, et le Département d'État ? L'effet est en tout cas dévastateur pour la crédibilité de la candidate et du PDP. Le soutien de l'administration Obama à la candidature Ma semble encore plus transparent quand Washington, à quelques jours du scrutin, décide d'inscrire Taïwan sur la liste des pays candidats à une exemption de visas pour entrer sur le territoire américain. Comme si les États-Unis reconnaissaient et approuvaient la politique de détente de Ma.

Le 14 janvier 2012, Tsai Ing-wen est battue à la présidentielle. Ma Ying-jeou est réélu et le KMT conserve la majorité absolue au Yuan législatif. « On venait de trop loin, de trop bas et le KMT était très bien implanté », analyse Lai I-chung. Les électeurs ont douté de la capacité du PDP à gouverner après les errements de l'administration Chen dans les années 2000. Et la première campagne présidentielle de Tsai manquait de coordination et d'organisation. En un mot : de savoir-faire.

Ce 14 janvier, il y a des pleurs et de la pluie dans la nuit de Taipei où les résultats viennent d'être annoncés. Tsai s'adresse à ses partisans lors d'un discours qui est considéré comme le plus émotionnel, le plus sincère et même le plus mobilisateur qu'elle ait eu à prononcer. La défaite a parfois des airs de reconquête. « Tsai était tellement occupée ce jour-là qu'elle n'a pas eu le temps de retravailler mon texte avant de le prononcer », assure Yao Ten-jo. Ce discours fait mouche, comme l'attestent les vidéos de militants en larmes. « Aujourd'hui, nous devons être plus forts que quiconque. Je voudrais demander à chacun de se rappeler qu'il y a quatre ans, nous étions si désespérés », déclare-t-elle, les lunettes couvertes de pluie. Elle loue les réformes du PDP, défend la lutte en faveur des personnes défavorisées. « Ce soir, vous pouvez pleurer, mais ne vous découragez pas. Vous pouvez être triste, mais n'abandonnez pas. Parce que lorsque nous nous lèverons demain, nous devons être aussi courageux que nous ne l'avons été au cours des quatre dernières années. [...] Ce pays a besoin que nous continuions à l'aimer et à prendre soin de lui, dit Tsai avant de prendre rendez-vous : Un jour, nous reviendrons, nous n'abandonnerons pas. [...] Mon cœur sera toujours avec le peuple de Taïwan. » Le reporter du *Taipei Times* note qu'elle est la seule à sourire ce soir-là. Comme si elle venait de prendre rendez-vous avec les Taïwanais pour la présidentielle de 2016.

# Ce soir de janvier 2016

La nuit est fraîche et électrique ce 16 janvier 2016 à Taipei. Il flotte dans l'air un parfum de victoire et de grand soir. Sur la façade de la carcasse de verre bleuté et de béton grisé du siège du PDP, sur la Beiping East Road, un message lumineux est affiché comme une invite à l'action : *light up Taiwan*, « illuminer Taïwan ». Dans moins de deux heures, les résultats de la présidentielle seront annoncés. Tsai Ing-wen fait figure d'archifavorite et le PDP pourrait revenir en force au Yuan législatif.

Devant l'immeuble du PDP, une grande scène cernée d'écrans, d'enceintes et de projecteurs a été dressée sur le bitume. Sur les pelouses du Central Art Park, des tentes, des stands, des chariots ambulants de nourriture, des calicots et des milliers de personnes attendent l'annonce des résultats. On croise des militants antinucléaires, des membres d'ONG environnementales, des groupes de supporters avec une casquette verte et une chasuble fluo, des familles, des couples, des retraités, quelques représentants aborigènes, des groupes de copains et surtout beaucoup de lycéens et d'étudiants, tellement investis pour cette sixième élection au suffrage universel du chef de l'État.

Ils offrent un aperçu d'une société taïwanaise qui s'est métamorphosée en une vingtaine d'années. Depuis la présidence de Lee Teng-hui dans les années 1990, les Taïwanais ont redécouvert et même reformulé leur propre identité plurielle dans un processus qui apparaît irréversible, comme le raconte le chercheur Stefano Pelaggi dans *L'Isola sospesa*. Cela se traduit par une distanciation avec la Chine populaire, ses projets politiques d'unification et son souhait d'accroître la dépendance économique de Taïwan. Cette approche remet en cause la mainmise idéologique et culturelle du parti-État KMT, défend la souveraineté et les particularismes de Taïwan. Une génération élevée avec le retour de la démocratie s'est penchée sur son histoire et sur les injustices subies par les générations passées, questionne les choix économiques et politiques de ses dirigeants, formule des droits pour les aborigènes, le climat, les genres, les victimes de la pollution ou des scandales sanitaires. « L'objectif du bien-être moral et matériel issu de la tradition confucéenne sembla moins central », résume Pelaggi. Indéniablement, Taïwan est entrée dans une nouvelle ère.

Dès le début des années 2010, l'île est traversée de tensions, de revendications et de mobilisations qui visent autant la Chine que l'administration Ma. Le point culminant de ces contestations est le Mouvement des tournesols qui, pendant un mois au printemps 2014, va paralyser la politique taïwanaise, jeter dans les rues du pays des centaines de milliers de personnes et provoquer une onde de choc aux effets durables durant plusieurs années dans toute la région.

Ce mouvement trouve son origine dans la mobilisation dite « des Fraises sauvages » née six ans plus tôt. En 2008, plusieurs centaines de jeunes détournent l'appellation « génération fraise », employée par leurs aînés pour railler des enfants trop chouchoutés, peu aptes aux efforts, au travail et à la résistance aux pressions. Loin de l'étiquette d'une génération consumériste et sans idéaux ni idéologie dont voudraient les affubler leurs pères, les étudiants entendent contester la venue du représentant de la Chine populaire, Chen Yunlin, à Taipei. Ils organisent un sit-in devant le Parlement qui va durer un mois et générer une vague d'actions dans tout le pays.

Si la mobilisation n'est pas massive, elle fait passer un message puissant à la jeunesse du pays : il est possible de s'engager, de défendre une cause sans avoir la carte d'un parti ou d'une organisation, sans avoir d'expérience politique et sans avoir l'aval de ses parents. L'expérience des Fraises sauvages a servi d'exemple à de nombreux jeunes taïwanais. Elle a également donné des idées à des milliers de personnes de la Thaïlande à la Birmanie, de la Corée du Sud à Hong Kong dans les années suivantes.

À Taïwan, les Fraises sauvages ont fait germer des Tournesols. Depuis 2010, une bonne partie de la société et de l'opposition au pouvoir en place est vent debout contre l'ECFA entre la Chine et Taïwan. En 2013, un nouveau volet de discussion porte sur la libéralisation du commerce dans les secteurs des services tels que la banque, les soins de santé, le tourisme, le cinéma, les télécommunications et l'édition. Le Mouvement des tournesols critique les trop grandes concessions faites à la Chine. Surtout, il fustige la manière peu démocratique avec laquelle le gouvernement Ma entend faire ratifier le texte. Du 18 mars au 10 avril 2014, les étudiants occupent puis bloquent le Parlement. Avec bruits et fracas.

La mobilisation est aussi massive qu'inédite, avec plus de cinq cent mille personnes dans les rues de Taipei le 30 mars 2014. Dans la foule : Tsai Ing-wen. « Elle avait démissionné de ses fonctions en 2012 après sa défaite à la présidentielle et n'était donc plus associée dans l'esprit des gens à la dirigeante du PDP, à la politique traditionnelle, raconte Yao Ten-jo qui était lui aussi aux côtés des étudiants en 2014. Ça tombait bien pour elle, car les activistes ne faisaient guère confiance aux partis classiques qui étaient dépassés, sinon critiqués, jugés trop complaisants, trop en décalage. Toute la classe politique a été bien secouée par les Tournesols. Tsai a été perçue comme un espoir par la société civile notamment parce qu'elle n'était pas en fonction. Elle a eu de la chance. Mais vous savez, on a du mal à comprendre la longévité et sa capacité de rebond si on oublie le facteur chance dans sa carrière. »

La visite du 7 novembre 2015 a-t-elle été le coup de pouce décisif pour la future présidente ? Ce jour-là, le président taïwanais Ma Ying-jeou et son homologue chinois Xi Jinping se rencontrent à Singapour, en terrain neutre, où les autorités de la cité-État, comme souvent dans la région, ont joué les bons offices. C'est en tant que chef du parti que Xi dialogue avec « le leader de Taïwan », titre communément donné au président élu Ma Ying-jeou par les médias officiels du continent. Les deux dirigeants se donnent du « monsieur ».

Le moment est historique. Jamais les deux rives du détroit n'ont organisé des retrouvailles à ce niveau. Extatique, Xi ne mégote pas sur l'importance du moment. « Nous sommes une seule et même famille. Aucune force ne peut nous séparer parce que nous sommes des frères qui sont toujours liés dans leur chair, même si nos os sont brisés. Nous sommes une famille où le sang est plus épais que l'eau, s'emballe le président chinois qui parle de "journée spéciale" ouvrant un nouveau chapitre dans les relations entre la Chine et Taïwan. Même s'il s'agit de notre première rencontre, nous nous sentons comme de vieux amis. Derrière nous, l'histoire s'étend sur soixante ans. Aujourd'hui, sous nos yeux, les fruits de la conciliation remplacent ceux de la confrontation. » Sans craindre l'emphase, Xi évoque également une « boussole magique qui calme la mer et le navire du développement pacifique ». Ma Ying-jeou reprend la balle au bond : « En ce moment même, les deux rives du détroit de Taïwan déclarent haut et fort leur détermination et la promotion de la paix dans la région ». Il déroule des propositions pour l'avancement des liens entre l'île et le continent : le consensus de 1992 sera le fondement des relations entre les deux rives du détroit, il faudra développer le dialogue, travailler à des conclusions gagnant-gagnant et mettre en place une ligne téléphonique d'urgence pour les questions émergentes impliquant les deux parties.

Si l'initiative est louée par le monde des affaires, elle est surtout vue comme une trahison. L'opposition et la société civile taïwanaise accusent Ma de vendre l'île à Xi Jinping. Tsai Ing-wen dénonce une tentative de manipuler les élections de janvier.

Le sommet de Singapour est sans lendemain, mais pas sans effet sur les esprits et les électeurs. Tsai l'a d'ailleurs bien compris. La veille du scrutin présidentiel, le 15 janvier 2016, elle s'est postée sur un grand boulevard de Taipei à un endroit stratégique et symbolique pour s'adresser à une vaste foule, dans les dernières heures du marathon électoral. Elle rappelle les manifestations des années précédentes, le Mouvement des tournesols, l'éveil du pays à une « nouvelle approche de la politique », comme l'explique Ko Wen-je, maire de la capitale, élu en 2014 grâce aux réseaux sociaux et aux jeunes. Tsai entend incarner elle aussi cette nouvelle donne : « Derrière moi se trouve le palais présidentiel, lance-t-elle le 15 janvier 2016, à seulement quelques centaines de mètres du bâtiment. Mais ceux qui sont à l'intérieur n'entendent pas la voix du peuple. »

Le lendemain, elle est entendue. Tsai Ing-wen est élue présidente avec 56,12 % des suffrages et plus de 3 millions de voix d'avance sur Eric Chu, le candidat du KMT. Le KMT, qui avait débarqué sa candidate, trop impopulaire et trop pro-chinoise, en octobre, est également défait aux législatives face au PDP qui rafle la majorité absolue avec 68 sièges sur 113 au Parlement. Tsai peut remercier le Mouvement des tournesols et la société civile taïwanaise pour son élection. Même si une partie de ses représentants se sont détournés du PDP pour fonder le New Power Party, l'élan citoyen et la mobilisation ont propulsé Tsai à la présidence et renvoyé le KMT dans l'opposition. Divisé et démonétisé, sans capteur dans un pays qui s'est métamorphosé, le parti nationaliste, trop proche de la Chine, est dépassé par le besoin de renouvellement.

Devant le siège du PDP sur Beiping East Road, la joie et les sourires sont de mise ce 16 janvier. Électeurs traditionnels du camp vert, déçus du KMT ou issus des mobilisations des Fraises sauvages et du Mouvement des tournesols, tous savourent ce moment et cette première. Dans la nuit fraîche et nuageuse de Taipei, je croise un trio d'amis vingtenaires, tous radieux. Tous les trois ont en main l'édition spéciale que le quotidien *Apple Daily* vient d'imprimer après les premiers sondages sortis des urnes. Ils attendaient ce moment depuis plus de quatre ans, depuis la défaite de 2012 qui annonçait en fait cette victoire historique.

Pour la première fois depuis sa fondation en 1949 par les nationalistes de Tchang Kai-chek, la RDC avec ses vingt-trois millions d'habitants va être dirigée par une femme, née à Taïwan. Elle n'est ni une fille, ni une veuve, ni une épouse de, à la différence de la Birmane Aung San Suu Kyi, de la Sud-Coréenne Park Geun-hye, de l'Indienne Sonia Gandhi ou de l'Américaine Hillary Clinton. Et Tsai Ing-wen n'a jamais fait de la présidence son ambition première. « En grandissant, je n'ai jamais eu l'intention de devenir présidente », confiait-elle à un groupe de femmes à quelques mois de son élection.

*Hsiao Ing* (« petite Ing »), comme les Taïwanais la surnomment, est la première présidente élue dans la seule démocratie du monde chinois, et qui plus est dans une société conservatrice et patriarcale, empreinte de confucianisme. Les historiens sont même convoqués pour chercher des précédents. Il faut remonter à la fin du VIe siècle pour retrouver les traces d'une femme régnante : Wu Zetian, l'impératrice de la dynastie Zhou. À moins de 60 ans, Tsai Ing-wen accède à la présidence de Taïwan. « Son élection est tout de même dingue. C'est une femme que l'on a sous-estimée, avance l'autrice Hu Ching-fang qui dirige à Paris le Centre culturel taïwanais. Et pourtant, il faut de la force et de la volonté pour tenir à ce poste, ne pas répondre aux provocations, ne pas parler ou agir trop vite, ne pas jouer avec le feu. Elle est ennuyeuse, vraiment ennuyeuse, elle n'est pas glamour du tout, elle n'a pas d'ego. C'est peut-être pour cette raison qu'elle a pu gérer les affaires du pays. »

« Tsai s'est hissée au sommet grâce à ses compétences et son travail. Quand je l'ai connue, elle était vice-Première ministre en charge des affaires continentales. Elle faisait un peu bonne sœur rentrée. Mais c'est une coureuse de fond. Elle a acquis un charisme et une stature qui la placent très au-dessus de la vieille garde du PDP », explique le sinologue et spécialiste de Taïwan, Jean-Pierre Cabestan, croisé à Taipei quelques jours avant la grande victoire.

La soirée est bien avancée quand petite Ing apparaît sur l'estrade, entourée de son équipe, pour s'adresser à la communauté internationale. Le sourire est de mise, la joie est contenue. Devant des centaines de Taïwanais, elle annonce « l'arrivée d'une nouvelle ère politique » et s'engage sur le « premier kilomètre de la voie des réformes. [...] Conformément à la volonté et au consensus du peuple taïwanais, nous nous efforcerons de maintenir le *statu quo* pour la paix et la stabilité de part et d'autre du détroit, afin d'apporter le plus grand bénéfice et le plus grand bien-être au peuple taïwanais », dit la nouvelle présidente d'une voix fatiguée par une campagne-marathon. « Elle se devait de rassurer ses partenaires étrangers et les voisins dans la région, rejeter toute provocation et se distancier de la question de l'indépendance qu'elle n'a jamais soutenue », se souvient Lai I-chung, le directeur de la Prospect Foundation. Puis, d'une manière inattendue, ce soir-là, Tsai prend la défense d'une jeune chanteuse taïwanaise, membre d'un groupe sud-coréen qui avait eu le tort, aux yeux des nationalistes chinois, d'apparaître à la télévision avec un drapeau de Taïwan. Harcelée et décriée en ligne, elle avait été forcée de s'excuser dans une vidéo d'autocritique. Avant le scrutin présidentiel, la scène avait jeté un froid et soulevé plus d'un doute sur les futures relations entre les deux États. « Cet incident particulier me rappellera constamment l'importance de la force et de l'unité de notre pays pour ceux qui se trouvent à l'extérieur de nos frontières, dit Tsai. Ce sera l'une des responsabilités les plus importantes pour moi en tant que prochaine présidente de la RDC. »

# Une atypique en politique

Pour la première fois, la présidence au féminin. Sans coup de pouce ni népotisme, sans filiation ni patronage. Un peu comme Margaret Thatcher, son modèle, ou comme Angela Merkel, l'autre figure à laquelle son entourage préfère la comparer, peut-être parce qu'elle est plus actuelle et plus consensuelle. Avec la chancelière allemande, Tsai partage de nombreux points communs : même génération, rapport quasi identique à l'autoritarisme et à la dictature qui les a marquées, parcours universitaire similaire, même profil de bûcheuse-sérieuse, même look minimaliste avec les immuables pantalons-vestes stricts, sages et passe-partout, même discours technique et même approche pragmatique des choses. Toutes les deux présentent aussi un manque apparent de charisme qui, au fil des années, va s'affirmer comme un style, voire une manière particulière de gouverner.

« Ce n'est pas une effusive. Elle reste toujours très mesurée et en contrôle, elle n'est pas adepte de la petite blague ou de la tape dans le dos, en ce sens, la comparaison avec Merkel est justifiée. Elle a une forme d'autorité naturelle, de sérénité qu'elle a acquises dans les deux premières années à la présidence », note Alain Richard, le vice-président du Sénat, ancien ministre de la Défense du gouvernement de Lionel Jospin et grand ami de Taïwan, où il était encore en mai 2023. En tant que sénateur (Val-d'Oise), il s'est rendu à quatre reprises sur l'île. Pour le remercier d'avoir activement contribué aux relations franco-taïwanaises, il a même reçu des mains de la présidente le grand cordon spécial de l'Ordre des nuages propices, une décoration prestigieuse rarement accordée à des chefs d'État ou des présidents de Parlements. « Malgré de fortes pressions, elle gouverne d'une manière plutôt apaisée, avec une réelle conviction pour la défense de la diversité des droits et en étant toujours très attentive aux signaux de reconnaissance officielle. C'est pourquoi, dès le début, elle a tenu à accueillir députés et sénateurs étrangers à la présidence. » Pour Taïwan, seulement reconnue par treize petits États, dont le Vatican, la diplomatie parlementaire est capitale pour exister sur la scène internationale. Les rencontres officielles de la présidente et de ses ministres étant quasiment impossibles, cela permet tout de même d'avoir des échanges avec l'extérieur. À son arrivée à la présidence, Tsai Ing-wen a favorisé ce canal de discussion. Il n'est pas seulement symbolique, il renforce la particularité de Taïwan.

Un après-midi de mai 2023, j'ai rendez-vous avec un proche de Tsai Ing-wen, un routier du PDP et de l'action parlementaire sur l'île : Wang Ting-yu. Épaules carrées et cheveux gominés, cet élu de terrain avenant de 54 ans, longtemps basé à Tainan, dans le Sud, me reçoit en chemise ciel-cravate sombre dans un bureau lumineux et décoré de dizaines de casquettes de régiments et de navires de guerre. Féru des questions de défense et de relations internationales, Wang Ting-yu est arrivé au Yuan législatif dans la foulée de la victoire du PDP qui a raflé la majorité absolue en janvier 2016. « J'ai réalisé qu'une nouvelle ère s'ouvrait avec cette présidente à nulle autre pareille. Elle nous surprenait. Elle parlait bas quand nos plus anciens leaders parlaient fort, et relativement peu quand ils s'exprimaient beaucoup, et souvent en taïwanais. Ses speechs étaient parfois ennuyeux, dit-il sans détour et en revisitant le double mandat de Tsai. Elle n'aime pas utiliser des formules pour emporter l'adhésion du public, mais cherche les mots exacts. Ce n'est pas toujours le meilleur moyen de captiver les foules. Mais elle y tient. Et contre toute attente, elle s'est installée dans le paysage politique de cette façon-là, en étant calme. Et même pour Xi Jinping, j'ai l'impression que cela n'a pas été simple de se positionner face à ses déclarations. »

Autre pilier du PDP et également parlementaire, Lo Chihcheng est, aujourd'hui encore, étonné par le personnage de Tsai. « On l'a vue s'installer, c'était étrange pour nous. Première présidente de Taïwan, elle était tellement différente de ses prédécesseurs et pas seulement parce qu'elle est une femme. Curieuse, posée, elle était unique et l'est restée d'une certaine manière », raconte ce politologue, fin connaisseur des arcanes du parti. « Elle a créé un nouveau style qui a séduit les jeunes, enchaîne Lee Yen-jong, l'avocate en charge de l'égalité des sexes au Parti démocrate. Elle a investi les réseaux sociaux en communiquant beaucoup, en utilisant les codes des plateformes de TikTok, Facebook, Line, Instagram. Depuis 2016, la façon de faire de la politique a beaucoup changé, en grande partie avec et grâce à cette femme arrivée au sommet du pouvoir. »

Si l'on tente un portrait en situation présidentielle, difficile d'étiqueter Tsai, première présidente de Taïwan, comme une féministe. Son premier gouvernement ne comptait que 10 % de femmes, ce qui lui a d'ailleurs valu des critiques dures des associations pour l'égalité des sexes. Deux mois après son élection, la présidente promettait pourtant cette égalité, et d'en finir avec les « stéréotypes faisant des hommes les seuls leaders capables de diriger les affaires du pays ». Pour autant, la situation n'a que très peu progressé. « Tsai est une conservatrice dans un parti progressiste, juge Yao Ten-jo, son ancien conseiller et *speechwriter*, qui a eu l'occasion de débusquer ses contradictions. Ce n'est pas une féministe. » Dans son bureau en hauteur qui coiffe le mémorial de Tchang Kai-chek au cœur de Taipei, Lee Yenjong partage le constat : « Tsai n'a pas joué son rôle sur cette question. Beaucoup de Taïwanais sont attachés aujourd'hui à l'idée d'une femme présidente, mais en huit ans, elle n'a pas fait beaucoup pour lutter contre la natalité en berne et le manque de crèches et d'aides pour les mères. Ce sont les faiblesses de ses mandats. Elle n'a pas joué la carte féministe. »

Elle aurait pu pourtant. Dans un pays longtemps machiste, dans une société conservatrice et patriarcale marquée par l'influence du confucianisme, Tsai la célibataire sans enfant n'a guère été épargnée par les commentaires misogynes et sexistes. « Bien avant son arrivée à la présidence, des commentaires super lourds étaient proférés par des responsables politiques, y compris du PDP, se souvient May Chen, une trentenaire qui a passé six ans dans l'équipe de communication de Tsai. Certains disaient qu'un commandant en chef ne pouvait pas porter de jupe, d'autres que cette femme ne pouvait pas comprendre les parents puisqu'elle n'avait pas donné la vie... Ça n'a pas arrêté. »

Les dirigeants et la presse chinoise s'en sont donné à cœur joie dans les premières années du mandat de Tsai. Ils la campent en « extrémiste », en « émotive » parce qu'elle n'était pas mariée, ou encore en « radicale » (ce qu'elle n'est pourtant guère) parce qu'il lui « manquait le poids de l'amour, de la famille et des enfants ». En 2012, en pleine campagne électorale, elle avait été sommée par un ancien patron du PDP de révéler son orientation sexuelle. Elle s'y est refusée. Les rumeurs sur son homosexualité existent depuis qu'elle a pris la présidence du CAC en 2000.

Sur son compte Facebook en 2012, elle avait rappelé des évidences face aux mâles commentaires et aux orties sexistes. « Dans une société traditionnelle, une femme qui ne se marie pas serait considérée comme moins entière. Mais dans une société moderne, ce que le mariage apporte est également disponible en dehors des mariages, n'est-ce pas ? » Huit ans plus tard, à nouveau sur le réseau social, Tsai fustigeait une « culture politique inacceptable » après la énième attaque misogyne. C'est l'époque où circulent des *fake news* par dizaines sur une présidente prétendument lesbienne, qui vient de faire passer le mariage pour tous, et entendrait inculquer aux enfants des valeurs qui détruisent la vision traditionnelle de la famille. Sa vie personnelle et sentimentale, sur laquelle elle n'a quasiment jamais communiqué, est à nouveau questionnée. Au fond, elle reste une atypique, une méconnue qui se verrouille, sinon une énigme.

Nul doute que Tsai Ing-wen a cassé des codes de la politique en apparaissant célibataire, entièrement dédiée à sa tâche, et en mettant en avant ses deux chats, Think Think et Ah Tsai. Elle s'en est beaucoup amusée, n'hésitant pas à donner régulièrement de leurs nouvelles, à dire qu'elle jouait avec eux, à répondre aux questions de ses fans et des journalistes qui s'inquiétaient de leur réaction après l'adoption de trois anciens chiens d'aveugles, Maru, Bella et Bunny. Cette communication inédite a emporté l'adhésion d'une communauté de *followers* qui apprécient la dimension très *cute* et kawaii (mignonne), assez asiatique, naïve et fleur bleue de la politique. Une stratégie qui déconcerte et désarçonne quand on considère qu'il s'agit d'une cheffe d'État, réputée bûcheuse et sérieuse, autoproclamée « introvertie », mais énamourée de ses animaux domestiques.

Au fil des années, une forme d'adoration pour « Tsai la timide et l'étrange », comme le synthétise Yao Ten-jo, est née dans les rangs du PDP et au-delà. Elle était perçue par certains comme la sauveuse dévouée d'un parti en état de quasi-mort cérébrale dans les années 2007-2008. « Je me souviens d'un meeting local en 2016, dans le sud de Tainan. Tsai s'était exprimée péniblement dans un mauvais taïwanais. Puis, vers la fin, un journaliste, probablement étranger, lui a posé une question en anglais. Elle y a répondu avec un accent d'Oxford parfait, avec des arguments clairs. Les gens du coin ne comprenaient rien à ce qu'elle disait, mais quand elle a fini sa tirade, les militants ont applaudi à tout rompre. Ils étaient fiers d'avoir une leader qui s'exprimait si bien. Malgré les ratés et de belles chutes dans les sondages, elle a conservé une cote de popularité élevée. »

Au chapitre loisirs et plaisirs, ses proches la peignent en discrète épicurienne, amatrice de vin rouge, lectrice de romans lors des moments en solitaire dans la résidence présidentielle. « Je sais qu'elle a hâte de quitter ses fonctions pour pouvoir faire ce que les officiers de sa sécurité lui interdisent de faire : prendre sa voiture, rouler vite. Elle apprécie les Range-Rover britanniques », s'amuse le parlementaire Wang Ting-yu. Avant d'être élue, elle aimait conduire pour se rendre à des réunions du parti. Son statut de présidente ne lui permet plus ce genre d'escapade routière. Depuis l'attentat qui a coûté la vie au Premier ministre japonais Shinzo Abe, et avec la recrudescence des tensions dans le détroit, la sécurité de Tsai a été renforcée. « Mais elle est autorisée à conduire sa voiture dans la cour de la présidence, sourit Wang Ting-yu. Elle aimerait aussi pouvoir sortir pour aller s'acheter les nouilles instantanées qu'elle adore, mais cette fois, c'est son médecin qui tente de la dissuader d'avaler ce genre de nourriture. »

Même si une intellectuelle taïwanaise fait le portrait d'une « présidente nonne dans un monde d'hommes qui aiment bien boire », ceux qui ont partagé des moments en petit comité avec Tsai Ing-wen ont découvert un personnage « drôle et vif ». « Lors d'une réunion informelle avec une dizaine de diplomates et de chefs d'entreprise, elle organisait les échanges avec beaucoup d'esprit, elle blaguait, raconte un ambassadeur occidental. Elle captait les regards et m'a semblé à mille lieues de son personnage public. C'était surprenant. » Un de ses proches, qui souhaite ne pas être cité pour ne pas « énerver la présidente », souligne son « sens de l'humour, son côté volubile, sa capacité à parler beaucoup, à rire, à boire des verres. Mais dès que l'on bascule dans le travail, elle redevient très sérieuse ».

Chargé de ses discours, Yao Ten-jo ne se souvient pas « d'un seul moment où elle ne travaillait pas. Elle bosse en permanence, entourée de ses amis, de ses conseillers et des gens de sa famille ». Parlementaire lui aussi très actif, Lo Chih-cheng campe la présidente comme une « accro au boulot, levée tôt, couchée tard. C'est une universitaire qui aime s'asseoir en compagnie d'experts et de techniciens, partager des repas avec eux pour parler [beaucoup] de réformes, de projets. Finalement, elle aime plus les politiques que la politique ». Puis, il se remémore des réunions pour élaborer des programmes, des actions gouvernementales. « Il fallait ensuite mettre ça en musique et négocier, faire de la politique avec des leaders, l'opposition parfois, les groupes parlementaires. Alors, elle se tournait vers un de ses conseillers en disant : "Je te laisse voir ça ?". » Un des patrons de la grande agence de presse taïwanaise, Central News Agency, acquiesce : « N'oubliez jamais que c'est une bureaucrate. Elle ne raffole pas des discussions politiques, des négociations avec les partis. » Aujourd'hui revenu à l'université où il enseigne la sociologie, Yao Ten-jo se souvient avoir parfois saisi des « regards anxieux de Tsai malgré des apparences calmes. C'est un job tellement difficile d'être président de Taïwan. Il faut résister aux pressions, éviter les provocations, ne pas y répondre ».

La chargée de communication May Chen évoque même une « phobie de la prise de décision chez Tsai ». Elle se souvient qu'au début « il y avait de grandes attentes pour changer beaucoup de choses ». Elle décrit une « première année de présidence folle et intense. Les gens, et pas seulement les militants du PDP, voulaient voir les changements rapidement ». Le parlementaire Lo Chih-cheng se rappelle que « Tsai voulait réformer, mais elle restait très prudente dans la manière de mettre en œuvre ses politiques ». Un ancien ambassadeur en poste à Taipei explique, lui, que « Tsai Ing-wen n'est pas une grande audacieuse adepte des coups d'éclat. Elle préfère créer du consensus ». Yao Ten-jo ajoute que « lorsqu'un problème se présentait, elle créait un comité et disait : "Donnons-nous du temps pour réfléchir." Mais si vous donnez trop de temps à vos adversaires, à vos opposants, ils en profitent. Je crois que l'un des problèmes fondamentaux de Tsai est son envie de plaire à tout le monde, de trouver un point d'équilibre entre les différentes opinions. En politique, souvent, ce n'est pas possible. »

Tsai Ing-wen est attendue au tournant. Avec une majorité absolue au Yuan législatif, elle a les coudées franches pour entamer le « premier kilomètre sur la voie des réformes ». Les chantiers ne manquent pas face au ralentissement de l'économie, à la crise du logement, au problème du pouvoir d'achat et au vieillissement accéléré de la population qui posent des défis structurels. La fin du mandat de Ma a été ternie par ces difficultés exprimées par une classe moyenne qui tire la langue et des jeunes qui ont de grandes attentes. Tsai les a entendus. Ils sont au cœur de son discours d'investiture du 20 mai 2016. Le dossier des retraites fait figure de priorité présidentielle. « Sans réforme, notre système de pensions va faire faillite », dit-elle sans détour en appelant à l'unité entre les générations et à la participation du public dans le débat. La réforme qui concerne dans un premier temps plus de quatre cent cinquante mille fonctionnaires et militaires retraités est un traitement de choc : elle vise à augmenter sur dix ans l'âge de départ à la retraite (fixé à 62 ans, les agents de l'État pouvaient partir dès 55 ans), les cotisations, tout en réduisant le montant des pensions et les taux d'intérêt des fonds de pension. Pour le PDP et l'administration Tsai, c'est le seul moyen d'assurer la survie du système. Ils font valoir que la réforme est une manière de s'aligner sur les normes internationales. Le choc est rude, surtout pour les plus anciens et pour les militaires dont beaucoup sont électeurs du KMT. Mais le pouvoir se défend de toute vengeance politique. La contestation reste vive. Elle s'agrège à un autre mécontentement : la réforme du travail qui supprime des jours fériés, encadre les heures supplémentaires et contraint les PME à plus de régulations dans l'organisation du temps de travail au risque de répercuter sur les consommateurs une hausse des prix. Retraités, enseignants, fonctionnaires, syndicalistes, ouvriers, employés dans les services descendent dans la rue, occupent des carrefours, défilent devant la présidence, comme dans les petites communes du pays.

« Ça devenait un cauchemar quotidien, se souvient May Chen. Nous ne pouvions pas sortir dans Taipei sans tomber sur une manifestation. Les gens étaient furieux contre nous. Elle, comme une bonne bureaucrate, pensait que c'était juste une question de temps et de communication avec la population et que finalement, les gens allaient adopter cette réforme. L'unité qu'elle avait appelée de ses vœux n'était pas au rendez-vous. »

Dans sa volonté de réformer et d'être la présidente qui « résout des problèmes », comme elle le revendique en mai 2020 lors de son investiture, Tsai Ing-wen multiplie les chantiers. Elle s'attaque au dossier des aborigènes dont elle fait une autre priorité. Le 1er août 2016, journée des peuples autochtones, la première présidente d'origine aborigène présente officiellement ses « sincères excuses » aux peuples indigènes « pour les souffrances et les injustices subies au cours des quatre cents dernières années ». Elle rappelle les effets de la colonisation des Chinois han, mais également de l'impérialisation de l'archipel par l'occupant japonais entre 1895 et 1945. Symbolique, la repentance est inédite en Asie. Elle s'inscrit dans l'ouverture d'une justice transitionnelle visant à faire la lumière sur les persécutions du passé autoritaire à Taïwan.

Sur le chapitre des droits, l'administration Tsai lance un autre projet phare, le mariage pour tous. Porté et défendu ardemment par la société civile et certaines administrations locales avant la présidentielle, le PDP en avait fait un axe essentiel de sa campagne en 2015. « C'était une loi qu'elle ne soutenait pas beaucoup, se souvient Yao Ten-jo. Dans sa volonté de ne déplaire à personne, d'être dans un juste équilibre, elle redoutait de mécontenter des franges conservatrices de la société, peu préoccupées ou intéressées par cette question. Il a vraiment fallu la persuader pour qu'elle l'endosse. » Le texte de loi passe par un marathon législatif, constitutionnel et politique complexe avant d'être promulgué le 24 mai 2019. Là encore, c'est une première en Asie, aujourd'hui saluée par de nombreux Taïwanais de tous bords confondus. Beaucoup font de cette loi l'un des marqueurs d'une démocratie mature et vibrante.

Tsai Ing-wen n'a pas oublié son ancienne casquette de négociatrice commerciale et d'experte des questions économiques. Elle lance un ambitieux plan d'innovation. Dénommé « 5 + 2 », il se concentre sur les secteurs industriels de l'Internet des objets (également appelé « Asia-Silicon Valley »), du biomédical, des énergies vertes et de la défense. Il est dans un second temps élargi à la « nouvelle agriculture » et l'« économie circulaire » et finalement ouvert à l'économie numérique et l'innovation culturelle, et même aux semi-conducteurs et la conception de puces. « Tsai a eu une vision internationale et un projet pour Taïwan : transformer son économie de milieu de gamme en économie de l'innovation », décrypte un diplomate qui souligne la réussite de la démarche.

Dans le même temps, elle promeut la *New Southbound Policy*, la « nouvelle politique en direction du sud », afin de réduire la dépendance de l'île aux échanges avec la Chine continentale et diversifier sa chaîne d'approvisionnement. Elle se tourne vers toute la zone indo-pacifique. Les tensions croissantes avec Pékin ne font qu'encourager cette initiative. « Les entreprises taïwanaises ont donc commencé à délocaliser en partie leur production. En 2022, les investissements en Asie du Sud-Est ont pour la première fois dépassé ceux réalisés en Chine continentale. C'est un phénomène tout à fait inédit, explique à *Libération* Wang Mei-hua, la ministre taïwanaise des Affaires économiques, de passage à Paris en juin 2023. Le commerce bilatéral entre Taïwan et l'Asie du Sud-Est totalisait 96,4 milliards de dollars en 2016. Mais l'année dernière, ce montant a atteint 180 milliards de dollars. »

Si son prédécesseur à la tête du PDP, Chen Shui-bian, était arrivé à la présidence relativement dépourvu d'expérience, d'expertise et d'ouverture internationale, ce n'est pas le cas de Tsai. Son expérience dans plusieurs ministères et au sein du Conseil des affaires consulaires, qui plus est dans un environnement régional tendu, lui a fait « comprendre le besoin d'être efficace dans plusieurs domaines politiques en même temps, rappelle Richard C. Bush, un des meilleurs experts américains de l'archipel, dans son livre *Taiwan in the Era of Tsai Ing-wen.* Tout président [de Taïwan] doit savoir jouer sur quatre échiquiers interdépendants : les politiques nationales, la politique intérieure, les relations avec la Chine et celles avec les États-Unis. Et chacun de ces jeux a ses propres règles, ses logiques stratégiques, mais aucun ne peut être isolé des autres ». Tsai a dû composer avec ce cadre complexe, à commencer par les relations avec la Chine.

# Pékin fait réélire Tsai

Le jour et le discours sont à marquer d'une croix blanche. Même si les passes d'armes et les tensions n'ont jamais manqué dans l'histoire tourmentée des relations sino-taïwanaises, le message de Xi Jinping le 2 janvier 2019 à ses compatriotes de Taïwan a sonné comme une alarme à Taipei. À la tribune du Palais du peuple à Pékin, le président chinois célèbre le quarantième anniversaire d'un précédent discours sur Taïwan publié par l'Assemblée nationale populaire. Dans sa longue allocution, Xi déclare que « la Chine doit être et sera réunifiée. Il s'agit d'une conclusion historique tirée au cours des soixante-dix années de développement des relations entre les deux rives du détroit et d'un impératif pour le grand rajeunissement de la nation chinoise ».

Surtout, bien que le terme soit erroné puisque la Chine populaire n'a jamais administré Taïwan, Xi emploie à plusieurs reprises le mot de « réunification ». Cette réunification, il souhaite qu'elle soit « pacifique » et qu'elle respecte le « principe un pays, deux systèmes » formulé par l'ancien président Deng Xiaoping au sujet de Hong Kong. Puis, il poursuit : « Les Chinois ne combattent pas les Chinois », avant de mettre en garde : « Nous ne promettons pas de renoncer à l'usage de la force et nous nous réservons la possibilité de recourir à tous les moyens nécessaires. Cela ne vise pas les compatriotes de Taïwan, mais l'ingérence de forces extérieures et le très petit nombre de séparatistes "indépendantistes de Taïwan". Les Américains et les pro-indépendances sont prévenus. [...] Les affaires du peuple chinois doivent être décidées par le peuple chinois. » Pour conclure, Xi souligne que la « question de Taïwan concerne les intérêts fondamentaux de la Chine ». Le président chinois a beau évoquer « des consultations démocratiques étendues et approfondies », sa proposition reste vague et prêterait presque à sourire vu les états de service du PCC en matière de démocratie depuis sa fondation.

Le président chinois ne fixe pas de délai explicite pour l'unification, mais comme il l'avait fait en 2013, il précise que la question de Taïwan « ne devrait pas être transmise de génération en génération ». Autrement dit, c'est à lui de régler ce problème, notamment avant le grand centenaire de 2049, qui commémorera la fondation de la République populaire par Mao.

Dans ce même discours, il propose enfin « d'institutionnaliser davantage la coopération économique et de créer un marché commun entre les deux rives. Chaque partie devra renforcer la libre circulation des échanges, la connectivité des infrastructures, l'échange d'énergie et de ressources, et les normes industrielles communes ». Voilà ce que promeut Xi en guise d'avenir radieux pour les Taïwanais sous l'auguste conduite du seul Parti communiste.

Sur le fond, beaucoup de choses sont connues. Mais la vigueur du message, la solennité du lieu et le choix du moment – quarante ans après l'établissement des relations diplomatiques entre Pékin et Washington – provoquent un choc. Surtout, la tonalité même de ce texte saisit. Il dénie toute réalité à l'identité, à l'histoire et à la souveraineté taïwanaises. « L'île est considérée comme une question intérieure, ce qui signifie qu'elle devient hors d'atteinte de toute implication de l'extérieur, créant ainsi un effet d'isolement », écrivent les sinologues Kerry Brown et Wu Tzu-hui dans *The Trouble with Taïwan*. Le message de

Xi Jinping montre un régime chinois qui ne cherche plus à convaincre, mais à contraindre.

Taipei ne tarde pas à réagir. La rapidité comme la clarté de la réponse de Tsai Ing-wen signent un nouveau tournant dans les relations interdétroit qui se dégradent depuis 2016. Quelques heures seulement après Xi Jinping, la présidente taïwanaise prend la parole dans une allocution. Elle rappelle un principe et définit « quatre impératifs » qui sont dans la droite ligne de sa position depuis une dizaine d'années. « Tout d'abord, je dois souligner que nous n'avons jamais accepté le "consensus de 1992" », rappelle Tsai au sujet des discussions entre les deux rives en 1992 qui étaient arrivées à la conclusion « qu'il n'y a[vait] qu'une seule Chine, mais chaque partie pouvait avoir sa propre interprétation ». Autrement dit, elles s'étaient mises d'accord sur leurs désaccords. Tsai explique que « la raison fondamentale [de cette non-acceptation] est que la définition du "consensus de 1992" par les autorités de Pékin est "une seule Chine" et "un pays, deux systèmes" ». Cette formule, établie par Deng Xiaoping en 1983 quand il négociait avec Margaret Thatcher la rétrocession de la colonie britannique de Hong Kong à la Chine populaire, stipule que « le système et la politique socialistes ne seront pas pratiqués dans la région d'administration spéciale, et [que] le système et le mode de vie capitalistes de Hong Kong demeureront inchangés pendant cinquante ans » à compter du 1^er^ juillet 1997. Depuis, Pékin s'efforce de vider cette doctrine de sa substance.

« Je tiens à réaffirmer que Taïwan n'acceptera absolument pas "un pays, deux systèmes". La grande majorité des Taïwanais s'y oppose également résolument », martèle Tsai. Finalement, s'il y a un consensus à Taïwan, il réside dans l'opposition à l'unification chinoise.

« Nous sommes prêts à entamer des négociations, poursuit la présidente sur un mode plus conciliant. La Chine doit faire face à la réalité de l'existence de la République de Chine (Taïwan) et ne doit pas nier le système démocratique que le peuple de Taïwan a établi. » C'est le premier impératif formulé par Tsai. Elle indique ensuite que Pékin « doit respecter l'engagement des 23 millions de Taïwanais en faveur de la liberté et de la démocratie et ne pas encourager les divisions ni offrir des incitations pour interférer avec les choix du peuple. [...] Troisièmement, la Chine doit gérer les différences entre les deux rives du détroit de manière pacifique, sur la base de l'égalité, au lieu de recourir à la répression et à l'intimidation pour amener les Taïwanais à se soumettre. Quatrièmement, ce sont les gouvernements ou les agences autorisées par le gouvernement qui doivent s'engager dans les négociations. Toute consultation politique qui n'est pas autorisée et contrôlée par le peuple ne peut être qualifiée de "consultation démocratique" ».

Cette prise de parole replace Tsai Ing-wen au centre du jeu politique et la positionne en résistante prudente et en défenseure de la nation face aux périls extérieurs. Elle lui offre une planche de salut inespérée. Depuis plusieurs mois, la présidente connaissait un trou d'air : les élections locales de novembre 2018 ont viré à un vote de défiance contre l'Administration, ses très contestées réformes des retraites, du travail et sa politique énergétique. Elle a démissionné de la présidence du PDP pour assumer la responsabilité de la défaite électorale. Où qu'elle se rende, Tsai rencontre des manifestations et des critiques. Elle se renferme, s'isole.

Pékin, qui se félicite de la vague bleue qui a submergé le camp vert, estime que l'échec du PDP aux élections sonne le glas de la présidence Tsai et préfigure du retour au pouvoir du KMT, le parti-État sinophile. C'est mal calculé. Avec son message aux « compatriotes taïwanais », Xi Jinping remet Tsai en selle une première fois en ce début d'année 2019. C'est le retour du facteur chance pour « petite Ing ». Sur les réseaux sociaux, elle gagne le sobriquet de « *Spicy taiwanese sister* » (« sœur taïwanaise épicée ») qui fait florès, pour souligner sa fermeté face à la Chine. « Je ne me laisse pas faire », commente-t-elle sur Facebook avant de créer le terme « camp taïwanais épicé » comme une appellation visant à protéger Taïwan.

Ces quatre impératifs et l'appel final lancé par la présidente à la Chine pour « qu'elle s'engage courageusement sur la voie de la démocratie » ne pouvaient pas mieux montrer comment les deux rives sont aux antipodes. À la suite de l'élection de Tsai en 2016, les contacts à haut niveau ont cessé entre Pékin et Taipei. Sur le continent, l'administration Tsai et le PDP sont considérés comme des « scissionnistes » (une expression du PCC jadis réservée au dalaï-lama), des « fauteurs de troubles », des « séparatistes » qui préparent l'indépendance. Si le PDP y a longtemps été favorable, cette position n'a jamais été forte au point d'enclencher un tel processus suicidaire, puisque synonyme de déclaration de guerre pour Pékin. Surtout, la présidente Tsai s'y est toujours opposée. « Quand j'avançais des propositions plus fermes allant en ce sens dans ses discours, elle me les retoquait systématiquement, raconte l'ancien conseiller Yao Ten-jo. “Ne provoquez pas la Chine continentale”, me disait-elle. Elle n'a jamais soutenu l'indépendance, même avant son arrivée à la présidence. »

Tsai Ing-wen incarne un sentiment partagé par une majorité de la population. Si l'on se penche sur les enquêtes d'opinion de l'université nationale de Chengchi, on constate que plus de 82 % des Taïwanais sont désormais favorables au *statu quo* permanent ou temporaire. Seulement 4,6 % de la population souhaitent l'indépendance « dès que possible ». Aujourd'hui, avec sa monnaie, sa diplomatie, sa défense, Taïwan est *de facto* indépendante. Et les alternances politiques n'ont fait que renforcer sa démocratie représentative et la certitude que le *statu quo* pouvait tenir ainsi. « La nation taïwanaise se construit sans la Chine, note le sinologue Stéphane Corcuff, qui depuis trente ans scrute les rapports entre les deux rives du détroit de Formose. Les Taïwanais sont agacés par le Parti communiste chinois et l'étranglement diplomatique. La Chine est le meilleur carburant pour l'indépendance de Taïwan. »

Le sort réservé à Hong Kong par la Chine communiste n'a fait que renforcer chez les Taïwanais le rejet des projets d'unification de Xi. Ils avaient largement suivi en 2014 le mouvement des parapluies des Hong Kongais qui réclamaient un véritable suffrage universel. Ils s'étaient inquiétés lors de la vague de kidnappings et d'arrestations d'éditeurs et de libraires hongkongais en 2015 et en 2016. En 2019, ils sont en quasi-osmose avec les Chinois de Hong Kong mobilisés en masse contre le projet de loi visant à faciliter les extraditions vers la Chine continentale, porté par la cheffe de l'exécutif Carrie Lam. Ce texte liberticide fait descendre dans la rue des centaines de milliers de Hongkongais à partir de juin.

Taïwan devient la caisse de résonance des mobilisations hongkongaises, parfois l'arrière-front pour des militants pourchassés par les nervis chinois et les réfugiés politiques. À certains moments, surtout quand la contestation prend un tour violent à partir de l'été et durant l'automne, l'archipel vit au diapason du mouvement prodémocratie de Hong Kong. À Taipei, les images de répression par des milices prochinoises et des gangs pourchassant les manifestants jusque dans le métro tournent en boucle sur les chaînes infos et sur les réseaux sociaux. Les Taïwanais se mobilisent à leur tour. Un dimanche de la fin septembre, ils sont plus de cent mille à manifester sous des trombes d'eau. Le reste du temps, ils organisent des collectes d'argent, rassemblent des kits de soins, stockent des casques, des masques anti-gaz lacrymogène, comme dans les travées de l'église presbytérienne en brique rouge de Chi-nan, adossée au Parlement taïwanais et dirigée par le pasteur Huang Chun-sheng. Il s'amuse des accusations de prosélytisme : « La religion n'a rien à voir, assure ce religieux affairé. Hong Kong est en première ligne contre le régime chinois. C'est aussi le dernier rempart. Après, ce sera au tour de la démocratie taïwanaise. »

À l'automne 2019, un refrain est entendu lors des débats, des déjeuners, des interviews que je réalise à Taipei : « Aujourd'hui Hong Kong, demain Taïwan. » Il est entonné à nouveau en 2022 quand Poutine lance son « opération spéciale » sur l'Ukraine le 24 février. Entretemps, le sort du territoire spécial a été scellé par Pékin.

Un homme averti avait pressenti les périls : Lam Wing-kee. Ce sexagénaire sec et élancé, aux lunettes fines sous une épaisse chevelure poivre et sel, s'est fait connaître en juin 2016 en jetant un pavé dans la mare. Lors d'une tonitruante conférence de presse, ce libraire de Hong Kong dévoilait comment les autorités chinoises l'avaient kidnappé à Shenzhen, emprisonné pendant huit mois, soumis à des interrogatoires musclés avant de le forcer à des aveux devant les caméras. Surtout, il révélait que la police lui avait donné quarante-huit heures pour livrer les noms des clients de la librairie *Causeway Bay Books* à Hong Kong, réputée pour ses témoignages de dissidente et ses ouvrages à sensation sur la corruption du régime chinois et les frasques sexuelles de ses dignitaires.

Face aux pressions, il a pensé mettre fin à ses jours. La loi sur les extraditions a été le déclic. Il s'est réfugié à Taipei où il a été accueilli chaleureusement. Les Taïwanais se sont cotisés pour qu'il puisse rouvrir une librairie indépendante. « La Chine va user de toute sa force pour soumettre Hong Kong, prédit-il en septembre 2019 devant un cappuccino au café *Touat* dans la capitale taïwanaise. Manifester ne sert à rien. L'armée est déjà aux portes de la ville. Quand ce sera réglé, elle se tournera vers Taïwan. C'est inhérent à la culture chinoise de rassembler les territoires et de soumettre ceux qui s'opposent. »

Au même moment, Tsai Ing-wen constate combien la mobilisation hongkongaise résonne à Taïwan. Surtout, elle constate à nouveau que le principe « un pays, deux systèmes » n'est plus qu'une coquille vide face aux assauts répressifs chinois. Elle préside un Conseil de défense nationale consacré à la situation hongkongaise à la suite duquel elle apporte son soutien aux manifestants en évoquant un « combat pour la liberté et la démocratie ». Le 13 juin 2019, elle déclare : « Les manifestations à Hong Kong font apprécier encore plus notre système démocratique et notre mode de vie. »

Après les menaces de Xi Jinping en janvier, elle retrouve du souffle et un rôle crucial à jouer pour défendre la nation. Bien malgré elle, la Chine remet Tsai en selle, à six mois de la présidentielle. « On a bataillé ferme avec la sécurité de la présidente pour qu'elle sorte du palais, pour la rendre plus humaine et plus en phase avec la vie réelle et les Taïwanais, pour qu'elle rencontre des gens sur les marchés, dans les temples, se souvient May Chen. On a plus utilisé les réseaux sociaux pour mettre en scène sa réponse à Xi. » La communication ne fait pas tout heureusement. Mais, bien malgré elle, la Chine a fait beaucoup pour faire réélire Tsai Ing-wen le 11 janvier 2020 et pour que le PDP conserve la majorité absolue au Parlement.

Si, depuis 1949, Pékin s'est toujours montré intransigeant sur le sort de l'archipel taïwanais, c'est avec l'arrivée au pouvoir de Xi Jinping que cette question s'est enflammée avec une « accumulation de passions et de poudre », selon la formule du sinologue Jean-Pierre Cabestan. Avec Xi, c'est l'émergence d'un nationalisme revanchard et conquérant qui s'affirme. Chef de tout (État, parti, armée), il s'est empressé d'enterrer la double décennie un peu bonhomme, ouverte au dialogue avec les Occidentaux, incarnée par ses prédécesseurs Jiang Zemin et Hu Jintao. L'un et l'autre restaient finalement les héritiers du « Petit Timonier », Deng Xiaoping, qui, au sortir de l'hécatombe maoïste des années 1960-1970, suggérait de faire « profil bas et attendre son heure ».

Xi Jinping, dont le père a été victime des purges, tourne cette page. Habité par une vision, il reprend les rênes de l'empire rouge en politique, en idéologue, voire en missionnaire. S'il promeut le « rêve chinois » et le « rajeunissement de la nation » dès sa nomination à la tête du pays en 2012, c'est pour mieux défendre la grandeur retrouvée de la Chine, révéler un État fort, une puissance décomplexée et fière d'avoir sorti de la pauvreté et de la famine des dizaines de millions de personnes. En quête d'hégémonie, le régime peut dès lors déployer sa capacité de projection militaire et commerciale dans le monde entier. Les nouvelles routes de la Soie sont le fer de lance de cette ambition. Une manière d'affirmer que la Chine est désireuse de prendre sa revanche sur l'Histoire et de concurrencer l'ordre international imposé par les Occidentaux. Les « loups combattants », ces diplomates sans langue de bois, tour à tour agressifs et offensifs, négationnistes et propagandistes, portent partout la « voix de la Chine ». « Elle s'est mise debout avec Mao, est devenue riche avec Deng Xiaoping et devient forte avec Xi Jinping. Elle revendique une place centrale et ne se laissera pas faire », résume la spécialiste de la Chine, Nadège Rolland, au moment de l'ouverture du XX^e^ congrès du PCC en octobre 2022.

La rupture est réelle, totalitaire. Elle signe le début de la « nouvelle ère » tant vantée par Xi. La sinologue Chloé Froissart note que le leader chinois a « accumulé plus de pouvoir qu'aucun autre dirigeant dans l'histoire de la République populaire de Chine » et le parti « n'a jamais été aussi puissant et omniprésent qu'aujourd'hui, que ce soit à l'intérieur du pays (plus de 96 millions de membres) ou sur la scène internationale ». En novembre 2022, après le XX^e^ congrès du PCC, elle fait un comparatif éloquent avec le XX^e^ congrès du PC de l'URSS en 1956 et souligne comment ces deux rendez-vous communistes majeurs « se sont répondu comme l'exacte antithèse l'un de l'autre ». Si la réunion soviétique avait dénoncé le culte de la personnalité et les purges, celle de Pékin « a mis en scène Xi Jinping en nouveau Staline décomplexé, chef incontestable et apparemment incontesté d'un parti renforcé ».

Cette affirmation de puissance place l'archipel taïwanais au cœur de la cible. Si les années Ma Ying-jeou ont été marquées par l'apaisement, une volonté de compromis et des échanges avec une Chine, l'arrivée de Tsai Ing-wen a mis un terme aux esquisses de rapprochements puisque Pékin a coupé les canaux de discussion. La région plonge alors un peu plus dans la « paix froide », selon l'expression d'un diplomate occidental. Dans les mois qui suivent son élection, le régime chinois entame une pression diplomatique de tous les instants pour réduire l'espace international de l'île et débaucher les États qui reconnaissent Taïwan. En huit ans, Taipei perd neuf alliés. Ils ne sont plus que 13 en 2023 contre 182 pour la RPC, dont le Guatemala, Panama, Haïti, des îles de Micronésie ou encore le Vatican.

Surtout, « le PCC vise à légitimer sa politique [...] et à imposer l'idée que tous les pays ayant des relations diplomatiques avec la République populaire de Chine reconnaîtraient sa souveraineté sur Taïwan et ne pourraient pas approfondir les coopérations existantes avec le pays (Taïwan). C'est inexact », soulignait le chercheur Antoine Bondaz en 2022 dans la revue *Esprit.* Il analysait comment les « efforts de Pékin pour "réécrire" les documents de l'ONU mentionnant le statut de Taïwan se sont intensifiés ces trente dernières années, afin d'internationaliser le "principe d'une seule Chine" et de confondre la résolution 2758 avec celui-ci ». Ce texte de 1971 admettait la Chine de Mao au sein des Nations unies, excluant de fait la RDC de Tchang Kai-check, mais ne se prononçait pas sur le statut spécifique de Taïwan.

La question est un peu technique, et affaire de nuances, mais comme souvent, le diable se cache dans les détails. Et Pékin sait les exploiter pour défendre ses intérêts. « Il est fondamental de différencier le "principe d'une seule Chine", le terme employé par Pékin pour signifier que Taïwan fait partie de la RPC, de la "politique d'une seule Chine", le terme employé par Washington, Berlin ou Londres, pour qui la RPC est le seul représentant de la Chine, mais pour qui le statut [de Taïwan] demeure indéterminé », précise Antoine Bondaz. On oublie en effet que prendre « en considération » la position de Pékin ne signifie pas l'accepter et l'adopter.

Dans le même temps, Pékin pèse de tout son poids pour empêcher la participation de Taïwan aux instances internationales comme Interpol, la Convention de l'ONU sur les changements climatiques, l'Organisation de l'aviation civile internationale, l'Organisation mondiale de la santé (OMS). Pourtant, il y a quelques années, le gouvernement taïwanais avait un statut d'observateur à l'assemblée de l'OMS. La pandémie de Covid-19 a d'ailleurs montré combien les deux rives du détroit étaient aux antipodes dans le domaine de la santé et de la transparence. Et comment leur bras de fer peut également se dérouler sur le terrain sanitaire. Taipei, qui a écrit dès décembre à l'OMS au sujet d'un virus en provenance de Wuhan, a mis en place très rapidement des protocoles, un traçage de sa population et une organisation qui lui a permis d'échapper à une explosion des cas et de la mortalité. Et cela sans confiner sa population. En revanche, fin 2019 et début 2020, Pékin a tardé à communiquer et à prendre des mesures pour éviter une contagion galopante. Puis, les Chinois se sont lancés dans une stratégie d'enfermement forcé de la population et n'ont jamais autorisé les enquêteurs indépendants à lever le voile sur les origines du virus ou sur le nombre réel des décès. Sa politique « zéro Covid », sa stratégie de tests systématiques ont viré au cauchemar pour des millions d'habitants, prisonniers d'une gestion orwellienne de la société. Et dans le même temps, la Chine a refusé que Taïwan témoigne de son expérience devant l'OMS. En mai 2023, elle a même réussi à bloquer l'accès à deux journalistes taïwanais venus couvrir cette assemblée qui se tenait en Suisse. Sur le plan diplomatique, la même stratégie d'isolement est mise en place pour tenter de limiter ou de parasiter la visite de délégations parlementaires ou de représentants étrangers.

Cette tentative d'étouffement et ces pressions tous azimuts sont également déployées dans le secteur économique : les touristes chinois ont été dissuadés de venir sur l'île, des produits ont été boycottés. Bien sûr, Pékin tente également une approche souple de séduction. En février 2018, le régime a édicté une liste de trente et une mesures pour partager avec les « compatriotes de Taïwan des opportunités de développement » avec ceux du continent. Public visé : les étudiants, les entrepreneurs, les investisseurs, les employés désireux de s'installer en République populaire. Un moyen détourné de casser la cohésion taïwanaise et d'encourager la fuite des cerveaux. Taipei n'a pas pris l'offre à la légère. Un mois plus tard, le gouvernement Tsai dévoilait un plan en quatre directions et huit stratégies pour contrer l'offre de la « mère patrie » et retenir ses forces vives.

Ce sont les actions coercitives tous azimuts de Pékin et leur ampleur qui retiennent surtout l'attention. Elles sont évidentes sur le terrain militaire. Les incursions des avions de l'APL se comptent souvent par dizaines dans la zone d'identification de la défense aérienne (Adiz), l'espace aérien dans lequel l'identification, la localisation et le contrôle des appareils sont réalisés. L'Adiz taïwanaise couvre la majeure partie du détroit de Taïwan, une partie de la mer de Chine orientale, ainsi que l'espace aérien adjacent aux eaux territoriales. Elle s'étend donc bien au-delà du seul espace aérien, de manière à donner au pays le temps de répondre à une éventuelle menace. Ces derniers mois, les avions de l'APL franchissent de plus en plus la ligne médiane qui sépare tacitement le détroit en deux parties et que Pékin ne violait pas jusque récemment. Outre qu'ils mettent tous les jours à rude épreuve les appareils et les nerfs des pilotes taïwanais, ces incursions et exercices aériens, auxquels s'ajoutent les intimidations maritimes, sont un moyen de repousser les limites, de forcer le *statu quo* et la stabilité dans le détroit. « Ils visent à convaincre la population taïwanaise qu'au bout du compte, toute résistance est vaine », écrivait en 2018 Michael Mazza, un chercheur spécialiste des questions de défense.

Décourager, diviser, dissuader, « les Chinois essaient de créer le chaos à l'intérieur de nos frontières », analyse dans *Libération* le 2 juillet 2021 Joseph Wu, le ministre taïwanais des Affaires étrangères. Quelques jours plus tôt, à l'occasion des 100 ans du Parti communiste, le président Xi Jinping avait déclaré qu'il souhaitait résoudre la « question de Taïwan » pour parvenir à la « réunification » complète du pays, et qu'il « écraserait » toute tentative d'indépendance de l'île. Le ministre a fait les comptes : « En 2020, il y a eu 2 900 sorties de l'APL autour de l'île, c'est beaucoup. [...] Les Chinois essaient de mener une campagne de désinformation contre Taïwan, de nous diviser et de s'infiltrer. Il s'agit d'une stratégie très complète pour déstabiliser Taïwan. »

Cette tactique est l'affaire du département de Travail du Front uni, un organe du PCC qui fédère les bureaux et les officines. Ses missions sont de multiplier les opérations d'influences afin de contrôler, voire d'éliminer, les ennemis de la Chine ou les groupes qui défient son autorité, de façonner l'opinion publique, d'infiltrer les sociétés civiles et de noyauter le monde industriel. Depuis 2017, par opposition au *soft power* défini par Joseph S. Nye, on parle de plus en plus de la montée de l'influence autoritaire (du *sharp power*) exercée par la Chine et la Russie. Ou comment les démocraties jeunes et vulnérables sont prises pour cibles, pénétrées, manipulées, désinformées. Taïwan est dans le viseur.

À Taipei, l'un des derniers étages du ministère des Affaires digitales a des airs de start-up avec open space, grand couloir vitré, ordinateurs et caméras branchés, ambiance tee-shirt-baskets. C'est le quartier général d'Audrey Tang. Ministre inclassable, programmeuse passionnée et entrepreneuse pionnière dans l'open source et le hacking civique, elle est à 42 ans un des piliers de la « nation numérique » que la présidente Tsai Ing-wen entend faire de Taïwan. Elle est aux avant-postes de la lutte contre le *sharp power* et les cybermenaces qui pèsent sur la sécurité de la démocratie taïwanaise.

« Nous sommes sur la ligne de front face à l'expansionnisme autoritaire. Ce sont des millions de cyberattaques quotidiennes, mais la plupart sont bloquées. En 2021, il y en avait environ cinq millions par jour, plus du double de l'année précédente. Et cela continue d'augmenter. C'est une guerre cognitive, hybride, qui combine cyberattaques et campagnes de propagande. Par exemple, début août, lorsque Nancy Pelosi est venue à Taïwan, il y a eu immédiatement des exercices de tirs réels mais aussi des cyberattaques. Face à celles-ci, l'urgence est de construire Internet d'une manière qui favorise la résilience numérique », explique Audrey Tang en déroulant les actions pour faire face aux cyberincidents, trouver les parades pour les prévenir ou y remédier et contrer les actions de la Chine.

À écouter Tang vanter la « transparence », on mesure les différences qui séparent les deux rives. Quand, du haut de ses 70 ans, *Xi dada* (« tonton Xi »), selon les zélotes de l'empereur rouge, vante aux « compatriotes taïwanais » son « grand rêve chinois », la « mère patrie » et l'« esprit de famille », quelle chance a-t-il d'être entendu alors que 60,8 % de la population de l'archipel s'estime d'abord et avant tout taïwanaise, selon une étude de l'université de Chengchi sur l'identité revendiquée ? De part et d'autre du détroit, ce sont deux visions qui, si elles ne s'affrontent pas, semblent de plus en plus inconciliables.

# « La guerre n'est pas une option »

Une pluie de menaces au creux de l'été comme jamais depuis des années. Il manquait un prétexte à la Chine pour lancer une répétition générale, envoyer un message et mettre en garde Taïwan. La visite de Nancy Pelosi, présidente de la Chambre des représentants des États-Unis, le 2 août 2022, lui a fourni de quoi bousculer le *statu quo* dans le détroit. Dès le lendemain, Pékin a entamé une série d'exercices militaires d'une ampleur sans précédent. Préparés bien en amont, ils visaient à simuler un blocus de l'île et un encerclement naval et aérien à partir de six zones établies en mer, autour de l'archipel.

Dans une démonstration de force encore plus importante que lors de la troisième crise du détroit en 1995-1996, l'APL a également tiré au moins 9 missiles balistiques dont 4 ont survolé l'île et 5 ont amerri dans la zone économique exclusive du Japon. « Surtout, alors que les avions militaires chinois ne franchissaient la ligne médiane dans le détroit de Taïwan qu'à de rares exceptions (quatre fois seulement depuis le début de l'année 2022), 298 avions l'ont franchie entre le 3 et le 31 août », selon les calculs du chercheur Antoine Bondaz. Puis les Chinois ont poursuivi leur offensive avec un nombre de cyberattaques sans précédent pour perturber des sites d'administration et par des campagnes massives de propagande et de désinformation.

Les experts et les stratèges taïwanais n'avaient pas encore tiré tous les enseignements de ces grandes manœuvres chinoises d'intimidation qu'ils étaient à nouveau placés en alerte à partir du 5 avril 2023. Ce jour-là, l'APL lançait l'opération Joint sword : de nouvelles simulations de frappe sur des « cibles clés » et de blocus pour « prendre le contrôle de la mer, de l'espace aérien et de l'information [...] afin de créer une dissuasion et un encerclement total » de Taïwan. Pékin entendait ainsi manifester sa colère après l'escale de la présidente Tsai Ing-wen en Californie et sa rencontre avec Kevin McCarthy, le nouveau représentant de la Chambre. À mesure que le régime chinois voit diminuer ses chances d'une unification consentie des deux côtés, prendre Taïwan par la force devient sa principale sinon la seule option.

« Vous allez voir de plus en plus d'escalades, d'intimidations, d'exercices militaires devenant la norme, une forme de routine dans la tension, prédit un expert stratégique qui conseille l'administration Tsai. Les Chinois s'entraînent, testent nos capacités et nos temps de réaction, nos vulnérabilités, ils font de la collecte de renseignements. S'ils se rendent compte que nous sommes imprévisibles, que nous renforçons nos moyens, ils vont s'entraîner encore plus. Ils se sentent de plus en plus en confiance, persuadés que la situation est à leur avantage. »

Si, depuis 1949, le régime chinois entend régler la question politique du « territoire sacré de Taïwan », comme le stipule la Constitution de 1982 et comme l'a rappelé un troisième livre blanc en août 2022, il souhaite également conquérir Taipei pour se donner la clé du Pacifique. C'est la dimension stratégique des tensions dans le détroit. Elle est déterminante. « La Chine bute dans son expansion contre une première chaîne d'îles qui s'étend du Japon à l'Indonésie, fermée en son centre par Taïwan, explique Hugo Tierny, chercheur associé au Centre français d'études sur la Chine contemporaine. Cette formation naturelle constitue un encerclement en forme de *C* ainsi que le glacis défensif de Washington », qui dispose de nombreux alliés dans cette région. « Il faut pour Pékin retourner cette vulnérabilité en brisant la chaîne par la prise de Taïwan et la mise à profit de ses avantages géographiques. »

Sur le qui-vive en permanence mais sans céder à la panique en apparence, Taipei en est réduite à guetter les signes d'activité de son puissant voisin, à parer aux pressions, à se préparer vite, à dissuader au mieux. L'urgence lui est brutalement rappelée dans la matinée du 24 février 2022 quand les premières informations en provenance d'Europe annoncent l'invasion de l'Ukraine par les troupes de l'armée russe. C'est un électrochoc pour elle et l'administration Tsai rattrapée par la guerre et ses bruits de bottes à huit mille kilomètres de distance.

« Sincèrement, ce fut un coup de semonce, raconte le parlementaire Wang Ting-yu qui siège à la commission de défense du Yuan législatif. Je me suis dit que les Ukrainiens allaient se battre quelques jours, disons deux semaines, mais qu'ils étaient condamnés et que le pays était fini. » Son collègue Lo Chih-cheng, qui préside cette commission, se souvient d'une soudaine prise de conscience : « Beaucoup d'Européens estimaient que la guerre était inenvisageable, mais c'est un scénario pensable, possible. Ce conflit en Ukraine en est la preuve. Lorsque vous avez affaire à un régime autoritaire, il n'y a plus de rationalité. Il peut déclencher une guerre sans raison. C'est aussi avec cette menace-là qu'il faut composer. »

À la tête du groupe de réflexion Prospect Foundation, qui analyse les relations internationales et la politique interdétroit depuis près de trente ans, Lai I-chung se remémore les « soixante-douze premières heures, stressantes et difficiles à avaler. Tout ce que l'on voyait circuler sur les réseaux sociaux confirmait l'avancée des troupes russes, les frappes qui faisaient de gros dégâts, les pertes infligées aux Ukrainiens. J'ai commencé à vraiment m'inquiéter d'une évolution si rapide de la guerre qu'elle pourrait encourager la Chine à envahir Taïwan ».

Dans un premier temps, le gouvernement Tsai Ing-wen fait profil bas. La présidente apporte son soutien à l'Ukraine, mais se garde bien de tracer tout parallèle avec les deux situations. La géographie n'est bien sûr pas comparable. Taïwan est une île séparée du continent par un détroit large de plus de 180 kilomètres à certains endroits. Elle est peu profonde, ce qui limite le recours aux sous-marins. Elle est également traversée par des courants forts et soumise à une météo hasardeuse qui compliquent une opération amphibie dans une zone où le trafic maritime et les échanges commerciaux sont intenses. Surtout, Taïwan apparaît difficile à prendre. Il y a peu d'espaces de débarquement à l'ouest, des montagnes escarpées et denses dont les sommets culminent à près de quatre mille mètres en son centre et une fine bande côtière à l'est qui plonge dans la mer. Rien à voir avec les grandes plaines de l'Ukraine collées à celles de la Russie.

Mais la situation présente des similarités évidentes. L'Ukraine comme Taïwan font face à une puissance autoritaire dont les leaders ont à maintes reprises manifesté publiquement leur projet de conquête. « La guerre en Ukraine, rappelle l'experte des questions stratégiques Valérie Niquet, a aidé à une meilleure perception de l'adversité, de ce qu'est une démocratie menacée, comme peut l'être Taïwan, des risques d'attaques, des pressions croissantes de la Chine. » Kyiv comme Taipei affrontent une impressionnante armada militaire à leurs portes. Mieux que quiconque, Tsai Ing-wen sait que le rapport de force entre la Chine et Taïwan tournerait largement à l'avantage de l'APL. L'APL compte plus de 2 millions d'hommes contre les 169 000 soldats taïwanais. Elle peut dégainer une flotte de près de 4 000 avions et hélicoptères quand Taïwan n'en aligne même pas 700. Sur mer, la domination de la Chine est également impressionnante avec 65 sous-marins contre 4,3 porte-avions alors que Taïwan n'en compte aucun. Et en matière de capacités balistiques, la disparité est là encore décisive. Avec un budget officiel de 225 milliards de dollars (19 milliards pour Taïwan en 2023), l'armée chinoise est devenue la deuxième puissance militaire de la planète et la première marine de guerre du monde en nombre de bateaux, dotée d'une capacité de construction navale inégalée.

Depuis 2015, le régime de Xi Jinping a entrepris une importante modernisation de l'APL, le bras armé du PC, *via* la puissante Commission militaire centrale (CMC). Sa volonté est de pouvoir projeter ses troupes dans les airs et sur mer, développer son interopérabilité et la préparer aux combats de haute intensité. Les sept régions militaires sont devenues cinq « théâtres de commandement » ou « zones de combat ». Une unité pour la cyberguerre et une « force des fusées » en charge des missiles balistiques ont été créées aux côtés des composantes traditionnelles. Désormais, au moins six bases de missiles conventionnels sur le continent font face à Taïwan. Les Chinois pourraient les utiliser pour frapper très rapidement les centres de pouvoir, décapiter les autorités, avant de démarrer une invasion du pays.

Sur le papier, difficile pour Taïwan de rivaliser avec de tels moyens et une volonté affichée d'en découdre ou, mieux, de contraindre sans combattre. « Parvenir à battre son adversaire sans l'avoir affronté est la meilleure conduite », selon le précepte du général stratège Sun Tzu.

Des disparités identiques entre la Russie et l'Ukraine avaient été mises en évidence au début de l'invasion russe. « Mais Tsai Ing-wen s'est refusée à les évoquer pour ne pas alarmer la population, explique Lai I-chung. Elle redoutait, comme beaucoup d'autres dans l'île, que l'assaut de la Russie soit réglé en trois jours et que l'on fasse immédiatement le lien avec Taïwan pour en déduire que nous ne serions pas capables, nous non plus, de résister plus longtemps. » Passé l'angoisse des premiers jours, Taipei retrouve confiance. « En regardant les Ukrainiens se défendre et résister, on s'est rendu compte que la détermination était une arme capitale, raconte Wang Ting-yu. C'était inspirant de voir qu'ils pouvaient arrêter l'armée russe et la faire reculer. Les Taïwanais ont pris conscience que la Chine n'était peut-être pas si forte et Taïwan, peut-être pas si faible, et que nous devions accroître notre détermination et réformer notre armée. »

Fin février 2022, à la présidence, au ministère de la Défense, des Affaires étrangères, au Parlement, c'est le branle-bas. Les réunions s'enchaînent. Des groupes d'études sont créés, des experts consultés pour suivre la guerre en Ukraine et en tirer les premiers enseignements. Quelle stratégie de défense adopter, quelle réforme lancer en priorité, comment répartir au mieux les dépenses, à quels scénarios de guerre se préparer, avec quel partenaire travailler ? Pour autant, s'ils observent la situation avec un mélange de solidarité et d'inquiétude, les Taïwanais n'ont pas attendu l'offensive des troupes de Poutine pour réfléchir à ces questions.

Quand elle est arrivée à la présidence, Tsai a fait de la défense l'un des piliers de son plan d'innovation « 5 + 2 ». Des projets pour renforcer l'industrie de défense nationale ont été réactivés ou lancés avec le soutien des Américains, notamment pour mettre à l'eau des corvettes, des navires plateformes de débarquement dont l'un a été inauguré en 2021. La compagnie taïwanaise China Ship Building Corporation (CSBC) est également à la manœuvre pour produire un sous-marin en partie made in Taïwan (grâce à la technologie étrangère) dont les premiers essais devraient avoir lieu à l'automne 2023. En 2025, un avion développé avec les États-Unis doit également voir le jour pour regarnir une flotte aérienne de Mirages français et de F-16 américains à bout de souffle. Après des années de baisse sous la présidence Ma, l'administration Tsai a également revu à la hausse le budget de la défense, lui donnant même un gros coup de pouce en 2023, avec une augmentation de 13,9 %. Se préparer et dissuader, « même si la guerre n'est pas une option », comme l'a répété Tsai à plusieurs reprises ces derniers mois.

Elle a également tenté de retisser des liens entre civils et militaires après des décennies difficiles. L'armée a conservé une mauvaise image à cause de sa répression féroce contre le camp prodémocratie et le PDP. Sa défense unique de la RDC a braqué de nombreux citoyens qui militaient pour l'identité plurielle et insulaire de Taïwan. Longtemps bastion du KMT, elle restait un corps à part dans la société taïwanaise. « Il y avait cette impression qu'un parti était aux commandes de l'armée d'une certaine manière, des généraux s'en tenaient aux principes édictés par le KMT, explique le parlementaire Wang Ting-yu passionné par les questions de défense. Il a fallu faire passer l'idée que l'armée représentait tout le pays et non un seul clan, que les militaires appartenaient à la communauté nationale. »

Malgré la défiance, l'administration PDP a tendu la main à l'armée, dégagé des moyens, formé les troupes. Tsai Ing-wen a coiffé des casques lourds, endossé des gilets pare-balles, des tenues kaki et enchaîné les discours. « On l'a poussée à visiter un nombre incalculable de bases, de casernes, de régiments durant ses mandats, ajoute May Chen, la chargée de communication de Tsai à la présidence. Les relations entre le PDP et l'armée ont toujours été mauvaises, alors la présidente a voulu changer ce rapport et se rapprocher des militaires pour mieux les contrôler. »

Dans le même temps, une réforme de l'appareil militaire est lancée. Elle est portée par le chef d'État-major, l'amiral Lee Hsi-min. Au vu des déséquilibres extrêmes entre les deux rives, l'amiral Lee milite pour l'adoption d'un nouveau cadre de combat asymétrique (concept global de défense [ODC] en anglais) : ne pas chercher à contrer la puissance d'un adversaire dominant, mais exploiter ses faiblesses. Pour cela, il est essentiel d'acquérir un grand nombre d'armes mobiles, bon marché et de petite taille pour mener des actions de guérilla afin d'empêcher Pékin d'envahir l'île par la force. « Nous n'avons plus de temps à perdre face à la Chine. Taïwan fait face à une menace existentielle », assure Lee Hsi-min en novembre 2022 depuis le grand salon éclairé de son appartement dans le sud de Taïwan. Cet homme svelte et droit, aux prunelles d'encre et au parler franc est aujourd'hui à la retraite, mais il continue à défendre sa stratégie ODC. Il a publié un livre qui est un succès de librairie, surtout depuis que la guerre en Ukraine a largement validé sa stratégie du « porc-épic ». « La douleur de marcher sur les piquants de l'animal devient le principal moyen de dissuasion pour l'écraser », résumait en avril 2022 un édito du *Taipei Times*.

« C'est une sorte d'attaque défensive. Une fois que l'ennemi est proche, sur la bande littorale, je deviens actif et menaçant parce que je me déplace rapidement, professe Lee dans un anglais mâtiné d'accent chinois. L'un des entraîneurs de l'ex-champion de boxe Mohamed Ali avait une formule : "Vole comme un papillon, pique comme une abeille." Tu ne peux pas m'entendre, parce que tu ne me vois pas. Tu me vois maintenant, puis tu ne me vois plus. C'est l'esprit de l'asymétrie. Nous devons attendre qu'ils soient proches de nous pour frapper. »

L'amiral Lee recommande d'investir dans des capacités de déni d'accès : des missiles Javelin, des lance-missiles Stinger, des lance-roquettes Himars, des engins anti-navires Harpoon (américains), des Hsiung Feng II, des missiles supersoniques de moyenne portée Hsiung Feng III (de fabrication taïwanaise). « Il faut en répartir dans plus de deux cents petits bateaux de pêche et aller frapper, détaille-t-il. Comment peuvent-ils détecter et viser ce genre d'embarcations à distance ? Les munitions tuent, pas les plateformes conventionnelles. » Mais ces plateformes restent toutefois nécessaires pour assurer des missions de surveillance et sécuriser les espaces aériens et maritimes en temps de paix.

Sur son blog La Voie de l'épée, l'historien militaire et colonel français Michel Goya s'est intéressé aux nombreux wargames institutionnels ou commerciaux. Il cite notamment ceux de la série *Next War* de la société GMT Games, du Center for Strategic and International Studies (CSIS) ou les rapports prospectifs de la RAND Corporation. Il en livre une analyse détaillée dont on peut retenir quelques éléments dans un post intitulé « Des roses pour Formose ». « D'un point de vue opérationnel, ce qui ressort de tous ces jeux est l'extrême vulnérabilité de tous les systèmes d'armes lourds, lents, visibles, dans un environnement où on se lance des milliers de missiles en tout genre [...] Toutes ces simulations semblent confirmer aussi l'idée de défense en hérisson de l'amiral Lee Hsi-min. Il vaut mieux pour Taïwan investir dans une défense en techno-guérilla, à base de nombreuses armes antiaccès mobiles, bon marché et de petite taille plutôt que dans de coûteux bâtiments de surface ou des forces aériennes qui seront rapidement détruits par l'ennemi sans avoir vraiment servi. »

À Taipei, si la présidente soutient l'ODC de l'amiral Lee, avec les très fortes incitations de Washington et du Pentagone, la stratégie du porc-épic n'emporte pas l'adhésion d'une partie de l'armée encore attachée à la tradition et aux symboles de puissance. « D'un point de vue militaire, il y a une question de fierté et d'honneur à avoir des porte-avions ou des F-35, de voler dans un F-16. Même s'il y a le risque qu'un jour l'aérodrome soit endommagé, la piste, les radars, les stocks de carburants et de munitions soient détruits par une frappe de missile », se désole Lee. Devant sa collection de casquettes militaires alignées dans son bureau au Parlement, Wang Ting-yu admet qu'il est « assez difficile de changer la philosophie et l'état d'esprit de certains généraux, d'affecter les ressources au bon endroit. C'est compliqué, ça demande du temps, de l'énergie. Résultat : nous sommes mieux équipés, mieux dotés, on commence même à être mieux entraînés, mais nous ne sommes pas prêts à faire face à la menace ».

C'est à la fois un problème de génération et de formation. Wang se félicite de voir partir à l'étranger des « centaines de jeunes sous-officiers et officiers » pour suivre des cours, « se frotter à de nouveaux concepts de défense et de stratégie dans des centres de l'Otan en Italie ou en Angleterre, révèle-t-il. Nous allons également envoyer des bataillons entiers aux États-Unis et nous recevons l'aide des forces spéciales américaines et d'instructeurs militaires. Mais nous devons apprendre encore beaucoup et mieux nous réorganiser ». Déjà, le service militaire, qui n'a jamais eu bonne presse sur l'île, sera allongé de quatre à douze mois à compter de 2025. « C'est une bonne idée à condition de réformer le système et d'avoir les ressources pour gérer les conscrits, d'avoir toutes les capacités d'accueil, de formation, d'encadrement et d'entraînement, prévient l'amiral Lee. Sinon, ce sera un échec. »

Pour le moment, l'armée peine à recruter. C'est l'une de ses faiblesses. L'autre tient dans la difficulté à créer une défense territoriale, en d'autres termes des civils formés qui constituent une force en parallèle à l'armée permanente. Là encore, l'Ukraine a montré la voie, mais le débat à Taïwan reste confus, car certains redoutent la formation de groupes paramilitaires. Reste enfin de nombreuses inconnues : que faire si l'APL s'empare dans un premier temps des îles lointaines de Kinmen ou Matsu ? Comment résistera l'archipel en cas de blocus total par la Chine ? Faut-il constituer une réserve de guerre avec des stocks de munitions, de matières premières, de nourriture et de capacités médicales pour essayer de tenir jusqu'au déblocage ? Quelle parade si l'APL sectionne les câbles sous-marins reliant Taïwan au reste du monde ? Ou si elle s'empare des hauteurs stratégiques de l'île ? « Il faut être prêt pour le pire scénario, prévient Lo Chih-cheng. Si la Chine entreprend un blocus. Est-ce un acte de guerre ou une opération de zone grise ? On le force seul ou avec les États-Unis ? Qui tire le premier et quand ? Le Japon vient-il en appui ? Voilà, on n'arrête pas de discuter de ce genre de scénarios. »

Ces projets et ces inconnues questionnent plus globalement la capacité de la société taïwanaise à apporter une réponse collective face aux menaces multiples. « Nous devons nous préparer, être debout, afficher notre unité, notre solidarité et notre résilience », affirme Enoch Wu, le fondateur de l'ONG Forward alliance, créée en 2021 pour apporter des réponses concrètes aux questions de sécurité nationale et de défense. Avec son équipe, ce trentenaire passé par les rangs de l'armée, milite inlassablement et forme les simples citoyens pour constituer un corps de volontaires capables de soigner, de réparer, de sécuriser. « Dans ce genre de crise, les quarante-huit, soixante-douze premières heures sont cruciales, avant que les secours, les renforts arrivent. Chacun, au niveau de sa famille, de son groupe d'amis, de sa communauté peut apporter un soutien précieux aux forces d'active, aux secouristes, aux pompiers s'il est bien formé. C'est une question de survie pour Taïwan », assure-t-il en alertant sur la nécessité de se « battre pour la paix ». L'amiral Lee a tiré un autre enseignement de la guerre en Ukraine : « La chose la plus importante reste la détermination. Regardez les Ukrainiens. Ils ont perdu la Crimée très rapidement en 2014, mais en 2022, ils réussissent à se défendre, à se mobiliser. Le plus important est cette volonté de se défendre. C'est la même chose pour Taïwan. »

Il en est un qui, du haut de ses 75 ans, a saisi l'urgence du moment : Robert Tsao, le magnat taïwanais des semi-conducteurs. Après les grandes manœuvres de l'APL à l'été 2022, le milliardaire est apparu devant les caméras casqué et en gilet pare-balles pour annoncer qu'il déboursait 100 millions de dollars afin de former au combat trois millions de Taïwanais dans les trois ans qui viennent.

L'échéance relance le débat sans fin et un peu morbide sur la date possible du déclenchement des opérations. 2024 au moment des élections générales à Taïwan ? 2027 pour le centenaire de l'APL ? 2035, 2049, chacun a son idée, son explication en rapport avec la stratégie, l'histoire ou le perfectionnement des programmes d'armement...

« Xi Jinping et le PCC ne peuvent pas se permettre un échec. Les risques politiques sont énormes pour le régime. Il y va de sa survie, enchaîne Su Tzu-yun, directeur de la division stratégique de défense à l'Institute for National Defense and Security Research. Il faut scruter les signaux, car il sera difficile d'ignorer les préparatifs, de parler d'une attaque-surprise. » Une invasion de Taïwan par la Chine requerra « énormément de troupes, de forces et de tonnages logistiques. Il y aura un renforcement des forces prépositionnées, voire une concentration des effectifs », détaille Edouard Jolly, chercheur en théorie des conflits armés à l'Irsem. C'est déjà le cas avec les théâtres d'opérations de l'Est (situé juste en face de Taïwan) et du Sud qui concentrent le plus gros des troupes de l'APL.

Les préparatifs comprendraient une « multiplication des manœuvres amphibies, une augmentation de la reconnaissance aérienne avec l'apparition plus fréquente d'avions radars. On habitue l'adversaire à ces actions de patrouille, on l'endort, avant, un jour, de passer à l'attaque », poursuit Edouard Jolly. Ce qui avait été le *modus operandi* des Égyptiens lors de la guerre du Kippour contre Israël en 1973.

Ancien responsable national du renseignement pour l'Asie de l'Est et analyste à la retraite de la CIA, John Culver a listé les indicateurs à suivre pour parler d'une probable invasion de Taïwan par l'APL. Dans une note pour le centre de réflexion Carnegie, il indique que tous les « préparatifs au sein de l'APL alerteraient les services de renseignements. Six ou douze mois avant une éventuelle invasion, la Chine suspendrait la démobilisation du personnel et des officiers [...] et lancerait un appel à la mobilisation. Dans un délai de trois à six mois, l'APL effectuerait la maintenance des équipements majeurs et augmenterait sa capacité à réarmer, réapprovisionner et réparer les navires, les sous-marins et les avions loin des installations que les États-Unis ou Taïwan bombarderaient probablement ». La Chine peut également se livrer à une « plus grande hybridation des forces avec l'utilisation de navires rouliers, d'infrastructures civiles. C'est cohérent avec la stratégie maoïste, avec l'idée de la guerre totale au sens de l'utilisation de moyens civils pour des finalités militaires ». Une mobilisation de ces moyens serait remarquée. « La Chine prendrait des mesures visibles pour isoler son économie, son armée et ses industries clés, des perturbations et des sanctions. Cela irait au-delà de ses politiques industrielles actuelles qui visent collectivement à atteindre l'autosuffisance technologique et matérielle », prévient Culver.

Bien évidemment, de nombreux signes logistiques sont à scruter avec, en prévision d'un conflit, « l'augmentation de la production industrielle dédiée à l'armée : armes, véhicules, technologies, radios, parachutes, et aussi tout le matériel militaire pour soigner et approvisionner des services de santé qui peuvent être d'ailleurs prépositionnés, assure Edouard Jolly. Il y a aussi les stocks de carburants, d'eau, de nourriture, de sang à constituer ».

Reste le volet psychologique de la préparation des esprits. « Les cadres de l'armée chinoise passeraient très probablement par une phase d'endoctrinement sur l'importance de la réunification, sur leurs missions pour cet effort de guerre, ajoute le chercheur Timothy R. Heath pour la RAND Corporation, proche des milieux de défense américains. La propagande, des rassemblements et des discours enflammés viseraient à renforcer le soutien de l'opinion publique et à préparer la population aux difficultés à venir. »

Difficile de croire que toutes ces mesures passeraient inaperçues. Et il apparaît compliqué de se référer à l'histoire. L'APL ne s'est pas battue hors de ses frontières depuis 1979. L'armée chinoise d'aujourd'hui n'a plus rien à voir avec celle qui avait alors perdu contre le Vietnam. Il en est de même du régime de Xi. Ainsi que des États-Unis.

# L'ami américain

Le coup de fil n'a duré qu'une dizaine de minutes. Cela a suffi à créer une rupture et à agiter les relations entre Taïwan et les États-Unis. L'histoire entre ces deux pays est si particulière. Ils ne se reconnaissent pas officiellement, mais ils ont des liens intenses et doivent composer avec un tiers toujours plus agressif : la Chine. Un curieux et inédit ménage à trois qui dure depuis près de soixante-quinze ans.

Le 2 décembre 2016, presque un an après son accession au pouvoir, Tsai Ing-wen décroche son téléphone pour féliciter son homologue américain Donald Trump, élu un mois plus tôt pour succéder à Barack Obama. En apparence, un appel banal entre chefs d'État démocratiquement désignés. Mais il s'agit d'une première. Jamais les deux présidents ne se sont parlé directement. Le protocole proscrit tout échange entre eux, depuis que les États-Unis ont reconnu la Chine populaire en 1979 et la politique « d'une seule Chine ». Pékin considère que Taïwan fait partie intégrante de son territoire, que ses autorités ne sont pas légitimes et, par conséquent, n'est pas en capacité de contacter le président américain. Le régime chinois est furieux. Il fustige Taïwan pour cette provocation et critique Trump pour son inexpérience. On peut douter de cette affirmation. Si le président élu n'est pas encore arrivé à la Maison Blanche, il est déjà entouré d'une équipe très au fait des subtilités diplomatiques de cette relation à trois.

De la part de Tsai Ing-wen, cet appel est à la fois habile et risqué. Il met sous les projecteurs la question taïwanaise. « L'appel a un effet légitimant pour la présidente et signifie que la relation avec les États-Unis a été réparée [après les tensions avec l'administration de Chen Shui-bian qui ulcérait Washington] », fait remarquer le consultant et chercheur Michael J. Cole. Mais il expose également Taïwan à la vindicte de la Chine continentale qui, à partir de ce moment, va accroître ses pressions sur l'archipel.

Face à un Donald Trump imprévisible, disruptif et ardent partisan de l'*America first*, Taïwan se retrouve dans une position inconfortable. Peu après l'appel du 2 décembre 2016, le président élu fait une sortie tonitruante lors de l'émission *Fox News Sunday*. « Je comprends parfaitement la politique d'une seule Chine (que les États-Unis ont endossée en 1979) mais je ne sais pas pourquoi nous devons être liés (par celle-ci) à moins de conclure un accord avec la Chine sur d'autres sujets, y compris le commerce », décoche Trump, en donnant l'impression de remettre en cause quatre décennies de diplomatie sino-américaine. Il réitérera ses propos dans les colonnes du *Wall Street Journal* peu après.

« En plus de causer de la consternation à Pékin, poursuit Cole, ces déclarations exacerbent les craintes que Taïwan soit utilisée comme une monnaie d'échange dans d'autres domaines. » Avant même d'arriver à la Maison Blanche et sans forcément le vouloir, Donald Trump dégoupille dans le débat politico-médiatique américain, et en partie à l'étranger, le concept de « politique d'une seule Chine » et tout ce qu'il implique. La question est en apparence technique et affaire de nuance, mais elle reste déterminante pour comprendre les rapports de force triangulaires entre les deux puissances rivales et l'archipel taïwanais.

Tout remonte aux origines des relations américano-taïwanaises. Même si Washington et Taipei n'ont officiellement aucune relation diplomatique, les deux capitales entretiennent des liens anciens et étroits. Durant la guerre du Pacifique, qui démarre en 1941 avec l'attaque de Pearl Harbor, la RDC de Tchang Kai-check se range du côté de Washington dans sa lutte contre l'empire du Japon. À la fin de la guerre, en 1945, des hommes du généralissime Tchang sont même envoyés à Taïwan pour recueillir la capitulation des troupes japonaises. Membre fondatrice de l'ONU, la RDC siège aux Nations unies à partir de 1945.

En Chine, la guerre civile entre communistes et nationalistes tourne à l'avantage des premiers. Avec ses troupes et deux millions de Hans, Tchang Kai-check se réfugie sur l'île en 1949 alors que Mao Zedong proclame la RPC sur le continent. Quand un nouveau conflit éclate sur la péninsule coréenne en 1950, l'administration américaine de Harry Truman s'empresse, au nom de la lutte anticommuniste, d'apporter une aide économique et militaire à la RDC. Pour prévenir des escarmouches entre les deux rives à couteaux tirés, les Américains neutralisent le détroit de Formose en déployant la VII$^{e}$ flotte de la marine. À l'issue de la première crise du détroit, les États-Unis signent un traité de défense avec Taïwan en 1954. C'est d'ailleurs au titre de cet accord que le président Eisenhower intervient en soutien à Taipei en 1958 lors de la deuxième crise du détroit. Ce traité reste en vigueur jusqu'en 1979. À cette date, il est abrogé quand l'Amérique de Jimmy Carter établit des relations diplomatiques avec la Chine communiste. En plein refroidissement sino-soviétique dans les années 1960-1970, Washington s'est rapprochée de Pékin. Signe d'une entente inédite, Richard Nixon s'est même rendu en Chine durant sept jours en février 1972, et quatre mois seulement après l'admission à l'ONU de la Chine populaire de Mao en lieu et place de la Chine nationaliste de Tchang.

En janvier 1979, Washington reconnaît officiellement Pékin, mais elle ne coupe pas pour autant ses liens avec Taipei. Le caractère particulier du lien Taïwan/États-Unis démarre à ce moment-là. Le Congrès américain fait passer une loi capitale pour les relations américano-taïwanaises : le *Taiwan Relation Act* (TRA) qui définit le cadre des relations militaires, commerciales et culturelles et devient la « pierre angulaire » des rapports entre les deux partenaires. La défense de Taïwan devient un axe central du TRA. Le texte, qui précise que Taïwan doit être traitée comme un pays, décide de l'ouverture de bureaux qui n'ont certes pas le rang d'ambassades, mais tous les attributs de représentation et d'activités consulaires. Aujourd'hui, les États-Unis ont 2 instituts sur l'île qui dispose, elle, de 13 antennes sur le sol américain où vivent plusieurs centaines de milliers de Taïwanais. Certains ont rejoint des groupes d'influence et de conseil, d'information et de promotion, à l'instar de la Formosan Association for Publics Affairs (Fapa) qui compte 2 500 membres et 44 relais dans tous les États-Unis.

En 1982, ce TRA est complété par les « six assurances » qui définissent un peu plus le cadre des relations. Il s'agit de garanties données à Taipei au moment où l'Administration signe un troisième communiqué commun avec Pékin. Ces assurances précisent que les États-Unis ne fixeront pas de date pour l'arrêt des ventes d'armes à Taïwan, ne consulteront pas la Chine sur cette question, ne joueront pas le rôle de médiateur entre les deux rives du détroit, ne modifieront pas leur position sur la souveraineté de l'île, ne feront pas pression sur Taipei pour qu'elle entame des négociations avec la Chine et ne reconnaîtront pas officiellement la souveraineté chinoise sur Taïwan.

Les efforts n'ont pas manqué ces dernières années pour faciliter ce rapprochement américain avec Taïwan. Ils transgressent d'ailleurs les clivages partisans puisque au Congrès, républicains et démocrates, à quelques nuances près, partagent la même volonté de défendre l'archipel et de l'accompagner dans sa stratégie d'ouverture à l'étranger. 2018 a été une année charnière dans ce rapprochement. En mars, un nouveau texte, le *Taiwan Travel Act*, a été promulgué par Donald Trump après un passage express à la Chambre des représentants, puis au Sénat. Son but est clair : encourager les échanges et les rencontres entre les responsables gouvernementaux américains et les officiels taïwanais selon des « conditions respectueuses ». Pékin n'a pas manqué de monter sur ses grands chevaux, accusant Washington de contrevenir à ses engagements passés. « En réalité, explique Michael Cole, cette loi a plus été un rappel de ce qui était déjà admissible [et en vigueur] selon la politique de la Chine unique qu'un nouvel outil de transformation de la politique américaine. »

Depuis 1994, Washington permet en effet des visites de transit pour les présidents taïwanais. Lee Teng-hui a été le premier à bénéficier de ces facilités de voyage. En route pour l'Amérique centrale en mai 1994, il est autorisé à faire une escale pour refaire le plein, mais pas de passer la nuit sur le sol américain. Vexé, il préfère rester dans son avion avant de repartir. Ce n'est que l'année suivante qu'il lui est consenti, à titre privé, de se rendre à l'université Cornell, où il a étudié, pour y prononcer un discours. Il sera le seul à bénéficier de ce privilège. Tous les autres ont pu venir se poser sur le sol américain, avoir des rendez-vous privés et politiques, à la condition expresse que leur destination finale ne soit pas les États-Unis. Ainsi en mars-avril 2023, Tsai Ing-wen a fait escale à New York, est repartie vers le Guatemala et Belize, ses alliés, avant de repasser par la Californie pour rencontrer le président de la Chambre des représentants, le républicain Kevin McCarthy, à la bibliothèque Ronald Reagan dans la banlieue de Los Angeles. Tsai n'a pas autant de liberté pour venir en Europe où « son avion ne peut pas atterrir, assure un diplomate taïwanais. L'Union européenne ne le permettrait pas. C'est un peu plus simple pour les ministres de son gouvernement, même si la Chine se manifeste toujours pour critiquer les États qui acceptent de les recevoir ».

C'est vrai également pour les voyages à Taïwan des politiques américains. La visite historique du secrétaire à la Santé, Alex Azar, en août 2020, en pleine pandémie du Covid, avait suscité des foudres de Pékin. Mais les États-Unis ont continué à envoyer des représentants. Ce sont surtout les membres du Congrès qui constituent le gros des délégations, comme l'a symbolisé la visite en août 2022 de Nancy Pelosi, alors présidente de la Chambre des représentants. « Le gouvernement taïwanais ne pouvait pas vraiment refuser la venue de Pelosi. Mais il a été clairement reconnu – même si cela n'a pas été exprimé publiquement – que cela avait un coût. Les exercices militaires chinois lancés en réponse à cette visite étaient une véritable crise et ont permis à la Chine de s'entraîner à un éventuel scénario de blocus dans un contexte où ses actions semblaient moins déraisonnables, fait remarquer Jacques DeLisle, professeur de droit et de sciences politiques à l'université de Pennsylvanie. Comme cela a été largement rapporté, l'administration Biden n'était pas très enthousiaste de la visite de Pelosi parce qu'il était prévisible qu'elle aurait l'effet qu'elle a eu. Elle a eu malgré tout quelques bons côtés : une forte démonstration du soutien des États-Unis, l'occasion de présenter une fois de plus le bilan de Taïwan en matière de démocratie et de droits de l'homme, d'établir des contrastes avec la RPC et de souligner l'attitude menaçante de Pékin. »

Au nom de la diplomatie parlementaire, canal crucial de son action à l'extérieur, Taipei encourage la venue de ces groupes auxquels se joignent quantité d'experts en défense, d'universitaires, d'élus de terrain, d'hommes d'affaires, de chercheurs, d'investisseurs. Cela participe de la stratégie diplomatique de Tsai saluée par de nombreux experts et politiques à l'heure des bilans : internationaliser Taïwan, la faire sortir du funeste et étouffant tête-à-tête avec la Chine continentale et contrer sa stratégie d'isolement. « Un jour, elle m'a regardé dans les yeux et m'a dit : “les relations interdétroit ne peuvent pas être seulement des relations interdétroit”, raconte Yao Ten-jo, ancien assistant de la présidente et responsable de ses discours. Elles doivent être portées à un niveau plus élevé, celui de toute la région. » Voilà pourquoi, au-delà des menaces croissantes de la Chine qui ont suscité tant d'inquiétudes ces dernières années, la question taïwanaise a gagné en importance et en audience en quittant les eaux du détroit de Formose. Les États-Unis ont souscrit à cette stratégie et l'ont même favorisée. Si certains présidents taïwanais ont pu agacer Washington par leurs provocations vis-à-vis de la Chine, l'arrivée de la prudente Tsai à la présidence et sa réélection en 2020 ont définitivement ancré l'île dans le rôle du partenaire fiable et stable.

Dès 2016, aux yeux de la Maison Blanche, ce sont la Chine et son leader Xi Jinping qui « ont été vus comme ceux voulant changer le *statu quo*, analyse Michael Cole, et écopé du sobriquet de "fauteurs de troubles" ». La militarisation sans limites des récifs et des atolls en mer de Chine méridionale, l'étouffement des libertés à Hong Kong, les errements de la politique du zéro Covid, sans parler du sort réservé aux centaines de milliers d'Ouïghours dans les camps de concentration du Xinjiang, ont fini de convaincre les démocraties de la planète que Taïwan était plus que légitime dans son refus d'être dirigée par le PCC.

Les relations entre Taipei et Washington se sont enrichies et n'ont pas pâti des dernières alternances. Elles n'ont probablement jamais été aussi intenses, nourries. Côté taïwanais, une femme a joué un rôle de premier plan dans ce rapprochement : Hsiao Bi-khim. Cette femme de 52 ans, née au Japon d'un père taïwanais et d'une mère américaine, mais élevée à Taïwan, est l'une des « ambassadrices les plus influentes de Washington, sans en être une », comme titrait le *New York Times* en janvier 2023. Très proche de Tsai Ing-wen, elle représente son pays aux États-Unis, où elle a étudié et vécu de nombreuses années. « Taïwan possède l'une des représentations diplomatiques les plus efficaces de tous les pays à Washington », a déclaré John R. Bolton, ancien conseiller à la sécurité nationale de la

Maison Blanche de Trump, et l'un des amis de longue date de Hsiao Bi-khim. Elle compte également parmi ses proches le « M. Asie » de Joe Biden au Conseil de sécurité nationale, le démocrate Kurt Campbell. Celle qui s'est campée en « chat guerrier » pour railler la diplomatie des « loups guerriers » de Pékin incarne la stratégie d'ouverture et d'internationalisation portée par Tsai. Elle s'entretient régulièrement avec les hauts fonctionnaires de l'administration Biden et reste en contact étroit avec les dirigeants des deux partis au Congrès.

Le Congrès est d'ailleurs l'un des principaux moteurs des relations États-Unis/Taïwan et intervient dans de nombreux domaines. La Chambre des représentants est ainsi à la manœuvre pour l'acceptation d'un nouvel accord commercial avec Taïwan qui a été voté fin juin 2023. Ce texte, qui vise à développer les échanges commerciaux entre Washington et Taipei en harmonisant les contrôles douaniers, en fluidifiant une série de normes et en instaurant des dispositifs anticorruption, a été approuvé par le Sénat trois semaines plus tard, puis promulgué par Joe Biden début août.

C'est sur le volet militaire que les relations sont les plus étoffées. Sénat et Chambre des représentants sont à l'initiative de lois bipartisanes pour aider Taïwan à s'armer, se former et se préparer à un éventuel conflit. Les États-Unis restent le premier fournisseur d'armes de Taipei. Entre 1979 et mai 2023, ils ont vendu pour plus de 92 milliards de dollars d'équipements militaires aux Taïwanais, avec un record de près de 30 milliards de dollars atteint durant la présidence de G. W. Bush entre 2001 et 2009.

Signe de cette relation militaire privilégiée et croissante, le président américain Joe Biden a promulgué, le 29 décembre 2022, la loi sur le renforcement de la résilience de Taïwan (*Taiwan Enhanced Resilience Act* [TERA]). « Il s'agit de la plus importante refonte de la politique américaine à l'égard de Taïwan depuis 1979 », rappelaient le sénateur démocrate du New Jersey Bob

Menendez et le sénateur républicain de Caroline du Sud Lindsey Graham, à l'origine de cette initiative. Elle alloue notamment 10 milliards de dollars de subventions et de prêts pour fournir des équipements militaires à Taïwan d'ici à 2027.

Fin juillet 2023, ce partenariat privilégié donne lieu à une première. Le président américain Joe Biden « ordonne le retrait d'un montant maximum de 345 millions de dollars en articles et services de défense du ministère de la Défense, ainsi qu'en éducation et formation militaires, afin de fournir une assistance à Taïwan ». C'est la première fois que l'Autorité présidentielle de retrait (*Presidential Drawdown Authority*) est mise en œuvre pour l'archipel taïwanais. Cette procédure qui accélère la livraison d'armes et permet de puiser directement dans les stocks existants a été utilisée des dizaines de fois pour l'Ukraine, afin de lui apporter de l'aide en urgence. Selon la loi votée par le Congrès américain l'année dernière, le ministère de la Défense est autorisé à puiser jusqu'à 1 milliard de dollars dans les réserves des États-Unis pour équiper l'île autonome.

Le Congrès compte dans ses rangs de nombreux élus pro-Taïwan ou antichinois. L'actuel président de la Chambre des représentants, Kevin McCarthy, peut sembler moins contrariant aux yeux de Pékin que sa prédécesseure Nancy Pelosi, ardente critique de la Chine et de son bilan en matière de droits de l'homme depuis le massacre de Tiananmen en 1989. Mais il n'est pas en reste parmi les républicains pour vilipender le régime chinois. Mike Gallagher est un autre de ces républicains très critiques de la Chine. Élu républicain du Wisconsin et ancien marine, il préside la commission « sur la concurrence stratégique entre les États-Unis et le Parti communiste chinois », formée en janvier 2023 à la Chambre des représentants. Ce faucon estimait en juin 2023 que les États-Unis et Taïwan sont entrés dans une « fenêtre de danger maximal », en listant la baisse du taux de croissance de la Chine, la chute du taux de natalité et le vieillissement de la société comme des arguments susceptibles de décider Xi Jinping à passer à l'attaque pour faire diversion. « Je pense que 2027 pourrait être la fin de la fenêtre [d'une action possible], et non le début », prévient Gallagher, qui a également fustigé les efforts déployés par l'administration Biden pour renouer avec la Chine à la suite de l'affaire des ballons espions chinois en février 2023.

Dans ce climat antichinois croissant, l'élu républicain du Texas à la Chambre des représentants Michael McCaul s'est également distingué. Il est apparu à la droite de Tsai Ing-wen lors d'un dîner organisé à Taipei en avril 2023. Il pilotait alors la plus imposante délégation parlementaire américaine jamais envoyée à Taïwan depuis des décennies. Véhément et bêtement provocant, il n'a pas hésité à comparer Xi Jinping à Adolf Hitler. Avant d'établir un parallèle avec la guerre en Europe. « Si l'Ukraine ne gagne pas et que la Russie réussit, [les pays d'Asie] verront la cible se tourner vers eux. C'est la stratégie de Poutine et du président Xi et l'alliance impie qu'ils ont conclue ensemble… »

Ce genre de commentaire diabolisant la Chine risque bien d'avoir un effet contraire à celui recherché. « Alors que Kevin McCarthy avait envisagé de se rendre à Taïwan avant que la présidente taïwanaise Tsai Ing-wen ne lui propose de le rencontrer en Californie lors de sa prochaine visite aux États-Unis, Mike Gallagher continue d'exprimer son espoir d'organiser une audition de la commission à Taïwan. Ces actions du Congrès, bien qu'elles aient pour but de soutenir Taïwan, aggravent la tension entre Pékin et Washington, laissant à l'administration Biden moins de marge de manœuvre pour façonner son propre discours sur sa politique chinoise », faisait remarquer dans une note de la Fondation pour la recherche stratégique l'experte Yuki Tatsumi.

L'équipe Biden a repris les grandes lignes de la politique défendue par l'Administration précédente depuis le déclenchement de la guerre commerciale à partir de la mi-2018. Mais il a dû monter au front pour rassurer son partenaire taïwanais inquiet. Car un doute a vu le jour au début de la guerre en Ukraine : et si les États-Unis ne volaient pas au secours de Taïwan en cas d'une attaque de la Chine ? Des sondages, des déclarations publiques de leaders politiques et d'experts ont révélé des inquiétudes tenaces chez les Taïwanais au sujet de l'attitude que Washington adopterait en cas de conflit dans le détroit. Comme si le gouvernement américain était susceptible de prendre ses distances avec la démocratie taïwanaise. Après tout, n'a-t-il pas retardé la livraison d'armes à Taipei pour en fournir plus et plus vite à Kyiv ? Plusieurs membres du Congrès, comme Mike Gallagher, ont d'ailleurs demandé à l'administration Biden de donner suite aux quelque 19 milliards de dollars de ventes de matériel militaire qui, selon eux, ont été approuvés, payés, mais n'ont pas encore été livrés à Taïwan pour des raisons qui tiennent à la fois aux capacités de production et à l'organisation administrative. Et l'ami américain enverrait-il des troupes se battre à Taïwan alors qu'il a annoncé qu'il ne le ferait pas en Ukraine ?

Pékin, il est vrai, ne s'est pas privé d'alimenter ces incertitudes. Dans sa stratégie d'isolement et de déstabilisation de l'île, le régime chinois n'a jamais manqué de souligner les limites de son rival américain. Il s'est empressé de faire de « l'humiliante évacuation de l'Afghanistan, à l'été 2021, une défaite des États-Unis qui abandonnent un allié comme ils abandonneraient Taïwan en cas de guerre », rappelle l'historien Pierre Grosser en racontant « l'escalade à bas bruit » entre les deux grands de la planète. Une présentation qui alimente les débats chez les Taïwanais et valide la thèse chinoise d'une puissance américaine en déclin, donneuse de leçons, qui ne tient pas sa promesse, *a contrario* d'une Chine conquérante et en voie d'hégémonie en Asie.

Mais Taïwan n'est décidément pas l'Afghanistan. Les États-Unis ne peuvent pas se permettre de perdre l'archipel taïwanais.

Si, pour la Chine, l'île est la clé du Pacifique et un enjeu quasi existentiel pour sa domination dans toute la région, ce même argument est valable pour la première puissance militaire de la planète. C'est d'ailleurs ce qui explique la position inextricable de Taipei. Si Taïwan devait tomber dans les filets de Pékin, l'Amérique vivrait une défaite sans précédent. Elle perdrait toute crédibilité et tout leadership. Qu'adviendrait-il de la Corée du Sud, du Japon, ses alliés ? Quels sens auraient les partenariats de défense et les réseaux d'alliances développés depuis une dizaine d'années entre Tokyo et New Delhi, Séoul et Sydney ? Comment réagirait la Corée du Nord, détentrice d'un arsenal balistique et nucléaire menaçant ?

« C'est la crédibilité du soutien des États-Unis qui est une nouvelle fois l'objet d'un réexamen à Taïwan, dans une relation triangulaire qui n'a cessé d'évoluer depuis la fin de la guerre froide et reste déterminante pour la sécurité de l'île », écrivait le géopolitologue Barthélemy Courmont au sortir d'une année 2022 forte en tensions et en rivalités, entre l'invasion russe en Ukraine et la quatrième crise du détroit lancée par la Chine après la visite de Nancy Pelosi.

La préoccupation des Taïwanais n'est pas complètement infondée. La guerre en Ukraine a réveillé des craintes dans les capitales de la grande Asie où on redoutait que ce conflit ne détourne l'administration Biden des défis de la région indo-pacifique et n'incite la Chine à passer à l'action. « Il semble peu probable que les États-Unis soient en mesure de reproduire dans une crise Chine-Taïwan la réponse internationale qu'ils ont orchestrée à l'invasion de l'Ukraine par la Russie, analysait en janvier 2023 le professeur de droit et de sciences politiques Jacques DeLisle. Le coût de telles mesures contre la Chine, la réticence des principaux États de la région à s'y associer et l'absence de cadres institutionnels similaires à ceux de l'Union européenne ou de l'Otan sont autant de sources de comparaisons erronées et décourageantes. »

Ces doutes et inquiétudes se sont manifestés à mesure que la guerre s'est installée en Europe et avant une année 2024 annonciatrice de remous et de gros temps électoral : Américains et Taïwanais sont appelés aux urnes dans des scrutins très ouverts.

Les États-Unis ont dû donner des gages de soutien à Taïwan. Ils sont même venus du plus haut sommet de l'État. Faisant écho à deux déclarations identiques en 2021, le président Joe Biden a rappelé à Tokyo, le 22 mai 2022, que la responsabilité de son pays de protéger l'archipel était « encore plus forte » depuis l'invasion de l'Ukraine. « C'est l'engagement que nous avons pris », assure-t-il, aux côtés du Premier ministre japonais Fumio Kishida dont le pays s'est rapproché de Taïwan ces dernières années sous l'impulsion de Shinzo Abe, le père de la stratégie indo-pacifique. « L'Amérique est attachée à la politique d'une seule Chine, mais cela ne signifie pas que la Chine a le droit d'utiliser la force pour s'emparer de Taïwan. [...] Je m'attends à ce que cela ne se produise pas », ajoute le président américain. Quatre mois plus tard, Biden est devant la caméra de Scott Pelley pour l'émission *60 Minutes* de CBS. Il répète que les États-Unis défendront l'île « s'il y a une attaque sans précédent » et rappelle les textes « signés il y a longtemps, [indiquant] qu'il y a une politique d'une seule Chine et que Taïwan décide elle-même de son indépendance. Nous n'agissons pas, nous n'encourageons pas leur indépendance. C'est leur décision ».

Depuis plusieurs mois, en évoquant « l'engagement pris », Joe Biden semble mettre de timides distances avec « l'ambiguïté stratégique », ce concept délibérément flou que Washington a longtemps privilégié pour ne pas dire s'il défendrait Taïwan en cas d'attaque. À quatre reprises depuis le printemps 2022, le président américain a déclaré que les États-Unis défendraient Taïwan. À chaque fois, ses déclarations ont été suivies d'un communiqué réaffirmant l'adhésion des États-Unis à la politique d'une seule Chine. « Ce que certains appellent ambiguïté stratégique pourrait être mieux qualifié de "double dissuasion" :

dissuader à la fois la Chine d'utiliser la force contre Taïwan et Taïwan de déclarer *de jure* son indépendance », écrivait en mai dernier Joseph S. Nye, un ancien conseiller des administrations Carter et Clinton.

Face aux démonstrations de force de la Chine, le moment est-il venu de passer à la « clarté stratégique » ? s'interroge Wang Ting-yu, le coprésident de la commission des affaires étrangères et de la défense nationale de l'assemblée législative à Taipei. « Les États-Unis doivent dire aux Chinois que s'ils déclenchent une guerre, ils paieront un prix qu'ils ne peuvent pas se permettre. Si Poutine avait reçu le message que les Européens et les Américains allaient se mobiliser, il ne se serait peut-être pas lancé dans cette stupide invasion, non ? »

# La guerre des puces ne fait que commencer

C'est une bataille de géants dans l'infiniment petit. Une guerre à la fois commerciale et géopolitique au plus profond de nos vies de plus en plus connectées, de plus en plus dépendantes d'une fine plaque de silicium (un *wafer* dans le jargon) où sont gravés des circuits électroniques. À coups de centaines de milliards de dollars, de *gigafab*, de prouesses technologiques, de lois et de sanctions, des mastodontes industriels et des grandes puissances se livrent à une compétition acharnée qui ne fait que commencer. Avec l'expansion de l'intelligence artificielle, la diffusion de la 5G, la modernisation de l'industrie de l'automobile, de l'armement, sans parler de la santé, des communications et des nouvelles énergies, les puces sont devenues le nouvel « or noir ». Elles sont aujourd'hui quasiment partout : dans les téléphones portables, les ordinateurs, les jeux vidéo, les voitures, l'Internet des objets, les clouds, les centres de données, les armes les plus sophistiquées, les avions, les appareils ménagers et médicaux, les systèmes de surveillance... Et la rapidité de leur progrès est tout simplement vertigineuse. L'historien américain Chris Miller, professeur à la Fletcher School de l'université de Tufts et auteur du livre très remarqué *Chip War*, publié en octobre 2022, aime expliquer que si les avions s'étaient perfectionnés au même rythme que les puces, ils voleraient à plusieurs fois la vitesse de la lumière.

Il a fallu attendre la pandémie du Covid-19 en 2020 et le confinement planétaire pour mesurer l'importance capitale des puces. Surtout quand l'arrêt des sites de fabrication puis la réorientation de la production ont provoqué des pénuries en série, chamboulé les chaînes d'approvisionnement et fait perdre des centaines de milliards de dollars aux géants des nouvelles technologies ou de l'automobile. On s'est alors rendu compte qu'elles pouvaient arbitrer les affaires et la marche du monde. Et bien qu'elles soient depuis quelques années au cœur de la relation triangulaire entre Washington, Pékin et Taipei, elles s'invitent désormais dans cette guerre froide technologique déjà ouverte. Qui pourra proposer des microprocesseurs toujours plus performants pèsera dans cet écosystème stratégique et lors de négociations commerciales, politiques, voire militaires. Taïwan compte bien être de ceux-là en profitant de son avance technologique et industrielle. L'île est un eldorado dans la chaîne de valeur des semi-conducteurs, une « terre promise », selon l'un des patrons du secteur à Taïwan. Elle joue un rôle central dans cette industrie de pointe où les relations d'interdépendances sont fortes et qui exige investissements massifs, gouvernance habile, expertise minutieuse et extrême rigueur. Cette production se décompose en trois étapes : la conception des circuits intégrés, où les Américains dominent, la fabrication des semi-conducteurs dans des fonderies, l'une des grandes forces de Taïwan notamment pour les puces les plus avancées de sept nanomètres et moins, et enfin les services de tests, d'assemblage et d'encapsulation, autrement dit d'emballage avant la livraison, où s'affrontent Américains, Taïwanais et Chinois.

À Taïwan, un sigle symbolise cette réussite : TSMC, pour Taiwan Semiconductor Manufacturing Company. Une entreprise devenue en quarante-cinq ans une multinationale de premier plan, un major du secteur des semi-conducteurs qui pèse pour près de 15 % du PIB du pays. En 2022, elle a réalisé un chiffre d'affaires de 75 milliards de dollars, en hausse de 33 % sur une seule année. « TSMC représente une chaîne de valeur colossale et quasi unique », note un diplomate à Taipei, fasciné par la puissance de l'entreprise et sa capacité à innover depuis ses débuts. Valorisée 540 milliards d'euros, TSMC détient près de 50 % du marché de la fonderie et produit 92 % des puces les plus avancées. Sur ce créneau haut de gamme, elle est seulement concurrencée par la sud-coréenne Samsung. La société taïwanaise a plus de 500 clients dont Apple, Sony, Qualcomm, Nvidia.

Rien ne semble arrêter ce géant des puces qui enchaîne les records et emploie 73 000 personnes. En 2022, l'entreprise a débloqué 100 milliards de dollars pour ses investissements sur seulement trois ans. Elle a lancé la construction d'une *gigafab* en Arizona où deux autres sites de TSMC doivent également sortir de terre. Elle va étendre ses activités en Chine, mais également au Japon dans le cadre d'un partenariat avec Sony et Denso. En Europe, c'est à Dresde qu'elle va investir 3,5 milliards d'euros pour sa première usine sur le continent. Elle détiendra 70 % du projet et collaborera avec trois partenaires, la néerlandaise NXP et les allemandes Infineon et Bosch, impliqués à hauteur de 10 % chacun. Ce site à destination du secteur automobile devrait commencer à produire des microprocesseurs de 22 et 28 nanomètres à partir de la fin 2027. Début août 2023, elle a annoncé la construction dans le sud de l'île d'une nouvelle unité de fabrication pour des circuits de 2 nanomètres pour l'intelligence artificielle. Un mois plus tôt, dans le sud de Taipei, TSMC a ouvert un centre de recherche et développement grand comme 42 stades de football qui doit à terme accueillir 7 000 ingénieurs. Il est situé non loin du quartier général de l'entreprise, à Hsinchu dans un immense parc technologique constellé d'usines, de bureaux et d'espaces verts et boisés. Là, TSMC s'active pour accélérer plusieurs programmes innovants, notamment les puces de 1,4 et 2 nanomètres. Ce chiffre fait référence à la largeur de l'espace entre les transistors de la puce : plus il est petit et plus le semi-conducteur est élaboré et performant. Pas besoin d'aligner indéfiniment les chiffres : TSMC a une longueur d'avance. Mais Samsung et l'américaine Intel sont également sur les rangs pour commencer la fabrication de la puce 2N en 2025.

Si la puissance de TSMC et sa capacité à innover ne sont plus à démontrer, sa stratégie d'influence est plutôt nouvelle. Depuis la fin du Covid et l'escalade des tensions entre Washington et Pékin, le patron de la compagnie s'est invité sur le terrain géopolitique. Au plus fort de la crise de l'été 2022, quand les Chinois se livraient à des tirs de missiles et à des manœuvres militaires en réaction à la visite de la présidente de la Chambre américaine, Nancy Pelosi, le président de TSMC, Mark Liu, avait mis en garde contre toute tentative de coercition. « Personne ne peut contrôler TSMC par la force. Si vous avez recours à une force militaire ou à une invasion, vous rendrez les usines de TSMC inopérantes, car il s'agit d'une installation de fabrication très sophistiquée. » Il n'exprimait pas tant le refus très hypothétique de travailleurs sous les ordres d'un éventuel occupant, mais insistait sur les réalités d'une chaîne d'approvisionnement mondiale et les complexités d'une fabrication très élaborée. « Elle dépend de la connexion en temps réel avec le monde extérieur : avec l'Europe, avec le Japon, avec les États-Unis, explique Liu avant de détailler. Des matériaux aux produits chimiques, en passant par les pièces détachées et les diagnostics des logiciels d'ingénierie, c'est l'effort [combiné] de tout le monde qui permet à cette usine de fonctionner. Par conséquent, si vous la prenez par la force, vous ne pourrez plus la faire tourner. »

Dix mois plus tard, Mark Liu fait un pas de plus devant ses actionnaires en se posant presque en médiateur entre Américains et Chinois. « Si la Chine et les États-Unis pensent tous deux qu'ils ne peuvent vivre sans TSMC et nos puces, ils devraient examiner les choses attentivement [avant d'agir]. TSMC et les fleurons de l'industrie taïwanaise des semi-conducteurs peuvent, en retour, jouer un rôle dans la stabilisation des tensions. » Les dirigeants de TSMC sont donc suffisamment sûrs de leur pouvoir et n'hésitent pas à s'immiscer en politique afin d'éviter la destruction de la poule aux œufs d'or nichée dans l'un des endroits les plus instables de la planète. Signe de la pleine conscience de son rôle, le géant taïwanais a « recruté une équipe d'experts en géostratégie pour apprendre à composer avec les risques et gérer les complexités croissantes », signale un diplomate occidental.

TSMC mais aussi Taïwan doivent beaucoup à Morris Chang qui fait figure de « père de la nation industrielle ». Cet homme aux cheveux blanc argent et aux lunettes noires a façonné le secteur des semi-conducteurs. Né en 1931 en Chine, il a vécu des années de guerre et de misère dans une Asie ravagée par l'impérialisme et le communisme, avant d'atterrir aux États-Unis en 1949. Passé par Harvard et, surtout, le prestigieux Massachusetts Institute of Technology (MIT) pour y étudier l'ingénierie mécanique, il s'est initié aux semi-conducteurs avant d'intégrer Texas Instruments.

C'est en 1987 qu'il fonde TSMC avec, alors, une vision assez iconoclaste pour l'époque. « Son idée n'est pas de fabriquer ses propres microprocesseurs, mais de les produire pour les autres : les Américains, les Européens et les grandes entreprises du secteur », souligne l'historien Chris Miller. Pas de conception, de design donc, mais une fabrication par fonderies pour des clients répartis dans toute la planète. TSMC et son capitaine d'industrie visionnaire investissent et se spécialisent donc dans l'élaboration de semi-conducteurs devenant de plus en plus complexes et de plus en plus coûteux à produire *via* des centaines d'étapes qui font appel à des lasers avancés, à des manipulations chimiques, à des écosystèmes hermétiques et protégés, à des conditions de températures, de propreté et de sécurité ultrarigoureuses. Ou comment maîtriser une technologie et se rendre indispensable et incontournable.

TSMC et Morris Chang n'ont pas été les seuls à se lancer dans l'aventure des puces. À Taïwan, le secteur des semi-conducteurs est alors sur les rails. Et il a déjà sa légende. Si certains ont bâti des empires industriels depuis le fond d'un garage, les pères des puces taïwanaises ont donné naissance à des géants de l'infiniment petit devant les fourneaux d'une gargote de quartier à l'heure du petit-déjeuner. C'était le 7 février 1974 à Taipei.

Ce matin-là, sept hommes se retrouvent dans l'échoppe *Xiaoxinxin*, une boutique de la rue Huaining, qui vend du lait de soja et cuisine les *dan bing*, ces fameuses crêpes aux oignons et au chou vendues une bouchée de pain. Six dirigeants du gouvernement, dont le ministre de l'Économie et celui des Transports, sont présents. Ils sont venus écouter Pan Wenyuan, un Chinois du continent né en 1912 qui a profité d'une bourse du gouvernement pour aller étudier à l'université de Stanford aux États-Unis en 1937. Après la prise du pouvoir par les communistes à Pékin, il décide de rester sur le sol américain sans jamais perdre de vue la possibilité d'un retour en Asie. Il se lance dans la recherche en électronique, notamment sous la coupe de Frederick Terman, le père de la Silicon Valley qui devient son mentor.

Pan travaille également pour Radio Corporation America (RCA) où il gravit les échelons. Quand le ministre taïwanais de l'Économie Sun Yun-suan le consulte pour savoir comment l'île doit réorienter son économie afin de faire face à la crise pétrolière de 1973 et aux ralentissements de l'industrie lourde, Pan a la solution : les semi-conducteurs. Devant ses crêpes, il déroule son exposé pour entamer ce virage technologique et industriel. Le ministre lui demande combien de temps cela prendra et combien cela coûtera. La réponse de Pan fuse : « Quatre ans et 10 millions de dollars. » Sun Yun-suan acquiesce, l'État s'engage.

Alors, immédiatement, à la fin du petit-déjeuner, Pan Wenyuan s'enferme au *Grand Hôtel* pour rédiger son projet de développement des circuits intégrés. Puis, il démissionne de RCA et prend la tête des opérations sous la tutelle du gouvernement. Le tout nouvel Institut de recherche en technologie industrielle (Itri) signe un accord de transfert de technologie avec RCA qui se charge de former aux États-Unis un premier groupe de trente-sept ingénieurs pendant un an. À leur retour à Taïwan, ils ouvrent une première usine subventionnée par le gouvernement. En 1978, les premiers circuits intégrés taïwanais sortent des lignes de production. Des géants sont en marche. « Les Taïwanais ont établi un partenariat public-privé très fort avec une réelle imbrication des deux sphères, un partage des tâches et des responsabilités bien réparties, poursuit le diplomate occidental. Il y a une vraie cogestion et une considérable implication politique et financière jusqu'au plus haut niveau de l'État. »

Dans un long article publié par la revue *Foreign Affairs* en octobre 2021, la présidente Tsai Ing-wen soulignait l'importance de l'industrie des semi-conducteurs dans la lutte pour la démocratie. « C'est un "bouclier de silicium" qui permet à Taïwan de se protéger et de protéger d'autres pays contre les tentatives agressives de régimes autoritaires visant à perturber les chaînes d'approvisionnement mondiales, écrivait-elle au sortir de deux années de pandémie. Nous nous efforçons de renforcer notre rôle grâce à une nouvelle initiative de centre de production régional haut de gamme, qui consolidera notre position dans la chaîne d'approvisionnement mondiale. »

De l'autre côté du détroit de Formose, cette réussite n'a pas échappé aux dirigeants chinois. Quand les premières puces taïwanaises sortent des usines du pays, la Chine populaire émerge à peine de dix ans d'une Révolution culturelle meurtrière qui n'a généré que purges, chaos et retards. Certes, lorsque le réformiste Deng Xiaoping arrive au pouvoir fin 1978, il instaure le programme « Réformes et ouverture » qui va lancer la Chine communiste sur le chemin de la croissance et d'une économie libéralisée pour faire de l'empire chinois « l'usine du monde ». Mais après les années Mao, la Chine a un long chemin à parcourir pour rejoindre le club des puissances technologiques. Le transfert forcé des populations urbaines vers les campagnes a privé d'éducation et de formation une génération entière de jeunes Chinois.

Pékin tente de convaincre Pan Wenyuan, l'ancien étudiant chinois, de participer aux efforts de création d'une industrie de semi-conducteurs sur le continent. Il rencontre Li Peng, un réformateur, qui sera nommé Premier ministre du gouvernement chinois en 1987. Mais Pan est âgé et occupé à Taïwan, il décline l'invitation. Des contacts sont toutefois établis entre les deux rives, et l'industrie chinoise entame sa longue marche vers les nouvelles technologies. Elle sera rapide, notamment après le lancement des programmes de recherche 863 et 973 (pour mars 1986 et mars 1997) pour promouvoir la recherche fondamentale et appliquée ainsi que le développement des hautes technologies, puis dans la foulée de l'entrée de la Chine à l'OMC en 2001. À partir de ce moment-là, les investissements européens, japonais et américains irriguent l'économie chinoise qui produit à tout-va, se modernise et exporte.

Quand Xi Jinping arrive au pouvoir en 2013, il entend promouvoir le « rêve chinois » et le « grand rajeunissement de la nation ». Les semi-conducteurs sont au cœur de cette vision qui fait la part belle au nationalisme patriotique. Les autorités ont compris que ces technologies sont cruciales pour leur projet de domination économique et militaire et surtout pour devenir l'égal des États-Unis dans tous les domaines d'ici à 2049, année du centième anniversaire de la fondation de la RPC.

L'industrie chinoise reste toutefois à la traîne. « L'émergence de la Chine en tant que plus grand pays exportateur de produits manufacturés au monde avait conduit à négliger la science et la technologie nationales », explique Richard Cronin, expert du groupe de recherche Stimson Center, en évoquant les notes du PCC qui recommandait que « le destin de la nation soit axé sur l'innovation ». Xi Jinping en personne reconnaît en 2016 que la « dépendance aux technologies de base est notre problème caché le plus grave ».

Quelques mois plus tôt, le régime a adopté « Made in China 2025 », un très ambitieux plan décennal centré sur ces nouvelles technologies. Il décide d'y consacrer 150 milliards de dollars sur les dix prochaines années. Afin de réduire sa dépendance à l'étranger, Xi souhaite que la part des « composants et matériaux de base » produits en Chine atteigne 40 % d'ici 2020 et 70 % à l'horizon 2025. À cette fin, il ordonne une inspection complète du contenu étranger des appareils électroniques chinois, notamment celui fourni par des entreprises américaines, et leur remplacement par des composants fabriqués localement. En 2020, la production nationale de circuits intégrés n'atteignait que 15,9 % du marché global, un résultat très en deçà de l'objectif de produire 70 % de la consommation totale du pays. Et la petite hausse de puces *made in China* n'a nullement ralenti les importations : en 2021, la Chine a acheté des microprocesseurs à l'étranger pour 434 milliards de dollars.

« La Chine n'a même pas atteint la moitié de ses objectifs de "Made in China 2025". Elle a pourtant investi des sommes folles, des dizaines de milliards de dollars au niveau local et national. Les commissaires politiques dans les usines de semiconducteurs ne savent probablement pas gérer cette complexité industrielle », raille le diplomate occidental. Les autorités chinoises ont également fait des ponts d'or aux ingénieurs taïwanais des géants TSMC, MediaTek, WSMC, UMC... En 2019, le secteur estimait qu'au moins trois mille ingénieurs, cadres, managers et dirigeants d'entreprise avaient traversé le détroit pour aller travailler sur le continent.

Cette chasse aux cerveaux a été l'une des nombreuses critiques formulées aux quatre coins de la planète à l'encontre de ce « Made in China 2025 ». Aux États-Unis, le plan décennal a renforcé les soupçons de vol de propriété intellectuelle et alimenté les craintes sur les risques autour des transferts de technologie. L'administration Trump a alors lancé une « offensive contre l'accès de la Chine à certaines technologies étrangères, en commençant par cibler l'offre d'infrastructures 5G de Huawei », écrivait Mathieu Duchâtel dans une note de l'Institut Montaigne en 2021. Il mentionnait également les « impressionnants progrès réalisés au cours des deux dernières décennies dans le secteur des semi-conducteurs » en Chine, tout en pointant les « faiblesses intrinsèques à son modèle centralisé de politique industrielle ».

Huawei a été placée sur la liste des entités économiques étrangères avec lesquelles les groupes américains n'ont pas le droit de commercer. Puis, Washington « a renforcé ses contrôles sur d'autres entreprises chinoises, en se concentrant principalement sur celles dont les utilisateurs finaux sont potentiellement militaires ». Les États-Unis veulent éviter que le régime chinois acquière de la technologie américaine pour équiper son arsenal et s'en serve contre eux. Et surtout ils tiennent à conserver leur domination sur le marché des semi-conducteurs *via* ses *fab* ou celles de ses alliés européens, coréens ou taïwanais.

En arrivant à la Maison Blanche, Joe Biden a poursuivi l'esprit de cette politique en exploitant les faiblesses de l'industrie chinoise des semi-conducteurs. Pour Washington et les géants de la technologie (Intel, AMD, Nvidia, Meta, Google et Amazon), il s'agit de tirer les enseignements des pénuries de puces, survenues lors de la pandémie du Covid, qui ont révélé les limites de la chaîne d'approvisionnement, mais également d'anticiper les risques d'un potentiel conflit dans le détroit de Taïwan.

Cette politique comporte deux volets. D'abord, réduire la dépendance des États-Unis aux fonderies étrangères. Autrement dit, relocaliser sur le sol américain. Signé en août 2022, le *Chips Act* prévoit 52,7 milliards de dollars de subventions pour bâtir des usines de microprocesseurs sur le territoire national. Ainsi, TSMC a commencé la construction d'une usine en Arizona. Deux autres sites doivent sortir de terre dans les trois ans qui viennent, notamment pour produire des puces de quatre nanomètres, puis de trois nanomètres dès 2026. Le géant taïwanais n'a pas pu résister aux pressions américaines pour laisser partir une partie de son savoir-faire industriel. En parallèle, l'américaine Intel a ouvert un chantier quasi similaire dans l'Ohio, la sud-coréenne Samsung doit investir une vingtaine de milliards de dollars pour un site d'excellence au Texas… C'est la course contre la montre, même si les Américains peinent à tenir les calendriers par manque de main-d'œuvre et d'expertise. Remonter une filière aussi complexe demande du temps. En contrepartie des colossales subventions du *Chips Act*, les compagnies s'engagent à ne pas investir en Chine durant dix ans dans la production de puces d'une épaisseur inférieure à vingt-huit nanomètres (les moins avancées).

« Ne pas se faire doubler par la Chine », l'objectif a été exprimé par Joe Biden lors de l'inauguration du chantier d'Intel. En fait, le deuxième volet de la politique américaine envers Pékin vise plutôt à empêcher le régime chinois de combler son retard dans le secteur des semi-conducteurs, voire d'affaiblir tout son écosystème des technologies avancées, celles dans l'intelligence artificielle entre autres. C'est le sens des nouveaux règlements édictés le 7 octobre 2022 qui renforcent tout l'arsenal législatif précédemment mis en place pour contrer Pékin. Les Pays-Bas et le Japon ont rejoint l'offensive américaine en interdisant des exportations de machines (notamment celles de la néerlandaise ASML pour la lithographie des puces) et de technologies sensibles vers la Chine. Moins d'un an plus tard, Joe Biden est allé plus loin avec un décret qui limite drastiquement les investissements des entreprises américaines à l'étranger dans les secteurs les plus avancés, au premier rang desquels l'intelligence artificielle. Une décision qui concerne les « pays problématiques », comme la Chine, et doit permettre de « défendre la sécurité nationale en protégeant les technologies critiques de la prochaine génération d'innovations militaires ».

Cette refonte globale de la stratégie industrielle n'a pas manqué d'inquiéter, voire d'agacer, les Taïwanais qui ont le sentiment de « se faire tordre le bras par leur premier partenaire », comme le résume un responsable politique à Taipei. Avec cette stratégie de réindustrialisation et d'externalisation d'une partie de la fabrication à l'étranger, le bouclier de silicium taïwanais ne risque-t-il pas de perdre sa capacité de dissuasion ?

« À l'étranger, les clients étaient inquiets d'une production principalement concentrée à Taïwan, d'où cette volonté de notre part de faire en sorte que TSMC puisse produire dans ces pays, expliquait en juin 2023, dans les colonnes de *Libération*, la ministre taïwanaise des Affaires économiques, Wang Mei-hua. Mais la production des puces les plus performantes de TSMC reste à Taïwan. Le groupe fabrique à grande échelle des puces de trois nanomètres sur l'île. La recherche et le développement se font intégralement dans l'archipel, notamment pour les puces à deux nanomètres. Aujourd'hui, ChatGPT est une technologie qui est très en vogue. Il y a deux semaines, la conférence Computex s'est déroulée à Taipei : Nvidia y a présenté des puces utilisées pour cette intelligence artificielle. On s'est rendu compte que l'ensemble des acteurs de la chaîne d'approvisionnement étaient taïwanais, notamment pour la technologie d'encapsulation. Ce bouclier de silicium n'est pas affaibli à cause d'une délocalisation partielle de la production. »

Wang Mei-hua veut rassurer et mettre en garde sur les risques d'un conflit. « Comme l'avait évoqué le secrétaire d'État américain Antony Blinken, la stabilité dans le détroit de Taïwan est cruciale pour la prospérité mondiale. Si on se retrouve dans une situation instable, Taïwan ne pourra pas fournir des semi-conducteurs à tous ses clients dans le monde, ajoutait la ministre. Les dégâts économiques qui en découleraient seraient bien plus considérables et importants que ceux qui ont été produits par la guerre entre la Russie et l'Ukraine. » Pour dissuader toute invasion, Taïwan n'aurait pas d'autres choix que de continuer à innover pour rester incontournable, indispensable. En un mot : inattaquable.

# Épilogue

La fin commence le 20 mai 2023. Pour le jour anniversaire de son investiture en 2016, Tsai Ing-wen organise une conférence de presse à Taipei. Elle entame ses derniers mois à la présidence. Dans un an, elle aura quitté le pouvoir, au terme de deux mandats, le maximum que prévoit la Constitution. Son successeur aura été élu à l'issue des élections présidentielle et législatives du 13 janvier 2024. On saura alors, si celui-ci dispose de la majorité au Yuan législatif, le Parlement taïwanais.

Pour Tsai, l'heure est aux bilans. Le moment est solennel. Haut blanc, veste, pantalon sombres et sobres comme elle les a portés invariablement depuis sept ans, elle se tient debout sur un tapis rouge, derrière un pupitre en bois. Dans son dos, un grand écran sur lequel défilent en images et en chiffres les actions présidentielles. Depuis 2016, l'universitaire n'a pas franchement quitté le corps et l'esprit de la présidente : la présentation est sérieuse, resserrée et argumentée sur les réalisations et, surtout, sur les enjeux à venir. L'émotion n'est pas de mise.

« Nous avons parcouru un long chemin, entame-t-elle. Nous avons considérablement changé le visage de Taïwan par rapport à ce qu'il était il y a sept ans. » Tsai évoque la réalité, selon elle, d'une « défense nationale autosuffisante ». Elle assure que « l'économie taïwanaise n'a pas été freinée » malgré les tensions commerciales entre les États-Unis et la Chine et la pandémie du Covid-19. Elle met en avant les effets de la *New Southbound*

*Policy*, la « nouvelle politique en direction du sud », qui a réduit la dépendance de Taipei envers Pékin en diversifiant ses partenaires. Elle rappelle le développement des industries stratégiques et l'essor de l'énergie verte. Enfin, elle aborde l'aspect social du gouvernement, notamment les « moyens de subsistance de la population », mais sans s'y attarder. Les salaires et l'accès au logement restent deux sujets quotidiens de tensions dans l'archipel. Puis, la présidente glisse vers les relations internationales, la situation autour de l'île. C'est assurément sur ces thèmes qu'elle est la plus tenace et la plus constante. Elle quitte le registre du bilan pour dresser un constat qui a des airs de feuille de route pour son successeur. Face aux menaces, Tsai définit deux « priorités absolues » : « maintenir la position clé de Taïwan dans les chaînes d'approvisionnement mondiales et maintenir le *statu quo* de paix et de stabilité dans le détroit ». Autrement dit, assurer un avenir à l'île. « La guerre n'est pas une option », répète la présidente.

Cette vision a l'assentiment d'une majorité de Taïwanais. Son successeur à la tête du parti, Lai Ching-te, plus connu sous le nom de William Lai, l'a reprise à son compte. Le candidat du PDP à la présidentielle de 2024, qui est également le vice-président de Taïwan, s'inscrit dans les pas de sa prédécesseure. Même si ce médecin diplômé de Harvard s'est lui-même présenté jadis comme un « indépendantiste pragmatique », il se doit de respecter les garde-fous pour ne pas provoquer la furie de Pékin et ne pas perdre le soutien des Américains.

Lors de son passage aux États-Unis à la mi-août 2023, un exercice quasi rituel pour tout candidat à la présidentielle, Lai a emprunté cette ligne de crête en renouvelant les engagements de Tsai à défendre la démocratie, à résister à toute annexion et à respecter la volonté du peuple taïwanais. En réaction, la Chine a tout de suite qualifié Lai de « fauteur de troubles » et critiqué son escale sur le sol américain. Puis, elle a dépêché dans les airs une trentaine d'avions, qui ont franchi la ligne médiane du détroit, et en mer une dizaine de vaisseaux. La relation avec le puissant voisin sera bien évidemment au cœur de la campagne présidentielle.

Le candidat du KMT n'a d'ailleurs pas manqué d'agiter les risques d'un conflit avec le régime communiste si le PDP restait au pouvoir. Hou Yu-ih, qui défend les couleurs du parti le plus pékinophile de la classe politique taïwanaise, joue sur les craintes. « Nous sommes poussés vers la guerre, chaque mère de famille, chaque amoureuse s'inquiète pour son homme, disait-il en juillet lors d'un meeting de campagne. Connaîtrons-nous la tragédie des jeunes qui mourront avant les plus âgés ? C'est la peur de tous les Taïwanais ! »

Né en 1957 à Taïwan au sein d'une famille modeste, cet ancien directeur de la police nationale est depuis fin 2018 le maire de New Taipei, la municipalité qui jouxte la capitale. Cependant, il reste un inconnu à l'étranger. Surtout, il incarne un parti vieilli et divisé, encore très lié à la Chine continentale où il a été fondé, en manque de stratégies et d'idées pour proposer une alternative au PDP. Certes, aux élections locales de 2022, le KMT a fait un bon score en remportant treize des vingt-deux villes et comtés de l'île. À cette occasion, il a propulsé sur le devant de la scène politique taïwanaise le charismatique Tchang Wan-an, arrière-petit-fils de l'ancien dictateur Tchang Kai-chek. À 43 ans, il a été élu maire de Taipei. En 2018 déjà, le KMT avait tiré son épingle du jeu au scrutin local, mais il n'avait pas réussi à convertir son succès en 2020 lors des présidentielles et des législatives. Aujourd'hui, face à un PDP pourtant entamé par l'exercice du pouvoir depuis huit ans, le KMT pourrait encore avoir du mal à prendre l'ascendant.

Les deux partis-piliers de la politique taïwanaise ont vu revenir dans la course à la présidentielle un agitateur : le milliardaire Terry Gou, fondateur de Foxconn, une multinationale de l'électronique très implantée en Chine, a annoncé sa candidature fin août 2023, même s'il lui manquait alors plus de

250 000 signatures pour être éligible. Comme en 2020, ce magnat des affaires tente sa chance pour « apporter la paix dans le détroit de Taïwan pour les cinquante prochaines années et instaurer les plus profonds fondements de confiance mutuelle entre les deux parties ».

Pour cette bataille électorale, le KMT et le PDP doivent également composer avec un sérieux trublion en la personne de Ko Wen-jo qui dirige le Parti du peuple de Taïwan (PPT). Le troisième homme du scrutin est parfois placé en tête dans les enquêtes d'opinion. Ce chirurgien de métier, surnommé « Ko P », a fondé le PPT en 2019 alors qu'il était maire de Taipei. Pour 2024, il s'est positionné comme le candidat proche des préoccupations des Taïwanais et soucieux des questions sociales, à commencer par les logements et les salaires. Sur la relation avec la Chine, il reste ambigu et flou, mais il souhaite pouvoir dialoguer avec ses dirigeants. Lors d'une conférence de presse à Tokyo en juin 2023, il a assuré qu'il gérerait mieux cette relation que ses rivaux de la course à la présidentielle. Il a ajouté que les deux grands partis étaient pris au piège de leur propre « bagage historique ». À ses yeux, le PDP au pouvoir a définitivement perdu la confiance de Pékin. Quant au KMT, il lui reproche d'être « trop déférent » à l'égard de la Chine de Xi. Ko P rebat les cartes d'un jeu électoral très ouvert. Et il fait mouche auprès d'une partie de la jeunesse. Celle qui avait tant contribué à l'élection de l'atypique Tsai Ing-wen. Celle qui sans doute décidera de l'avenir de Taïwan.

# Chronologie

**1912**

Début de la RDC (Taïwan) sur le continent après la révolution Xinhai qui a conduit au renversement des Qing. Sun Yat-sen fonde le KMT.

**15 août 1945**

Capitulation du Japon. Les nationalistes du KMT prennent le contrôle de l'île.

**1947**

Émeutes et affrontements à Taïwan où les habitants se rebellent contre l'autoritarisme du KMT et les mauvais traitements qui leur sont infligés. Répression violente : entre 18 000 et 28 000 morts le 28 février.

**1949**

Victoire en Chine des troupes communistes de Mao Zedong qui proclament la République populaire. Repli à Taïwan du KMT et de Tchang Kai-chek, président de la RDC, avec deux millions d'hommes. Instauration de la loi martiale et de la *Terreur blanche* visant à traquer les opposants et toute personne jugée proche des communistes.

**27 juin 1950**

Deux jours après le début de la guerre de Corée, le président américain Harry Truman donne l'ordre à la VII^e^ flotte d'empêcher toute attaque contre Formose et met en garde le gouvernement chinois.

**Août 1954-avril 1955**
Première crise sino-taïwanaise. Bombardement d'îles par la RPC. Traité de défense mutuelle entre les États-Unis et Taïwan.

**Août-décembre 1958**
Seconde crise dans le détroit.

**1971**
Reconnaissance officielle de la RPC par l'Assemblée générale des Nations unies (résolution 2758). La RDC est exclue des Nations unies.

**1975**
Mort de Tchang Kai-chek. Son fils Chiang Ching-kuo lui succède.

**Janvier 1979**
Les États-Unis et la Chine populaire établissent des relations diplomatiques. Le Congrès américain vote le TRA qui autorise notamment la poursuite de vente d'armes à l'île.

**Décembre 1979**
Arrestation et répression de milliers de personnes rassemblées par la revue d'opposition *Formosa*.

**1986**
Création du PDP, en opposition au KMT.

**Juillet 1987**
Levée de la loi martiale qui était en vigueur depuis 1949.

**1988**
Mort de Chiang Ching-kuo. Le vice-président Lee Teng-hui (KMT) lui succède.

**Novembre 1992**

Rencontre entre des organisations chinoises et taïwanaises. Ils élaborent le Consensus de 1992, c'est-à-dire le principe d'une seule Chine, avec la possibilité pour Taipei et Pékin d'avoir leur propre interprétation.

**Juillet 1995-mars 1996**

Troisième crise du détroit de Taïwan. Tirs de missiles et exercices militaires chinois pour critiquer le voyage de Lee Teng-hui aux États-Unis et la première élection au suffrage universel du président.

**1996**

Lee Teng-hui est réélu président, cette fois au suffrage universel pour la première fois.

**1er juillet 1997**

Rétrocession de Hong Kong à la Chine.

**Juillet 1999**

Lee Teng-hui évoque des « relations spéciales d'État à État » avec la Chine.

**2000**

Première alternance à la présidentielle. Le candidat du PDP, Chen Shui-bian, est élu et se dit favorable à l'autonomie de Taïwan. Il sera réélu quatre ans plus tard.

**2005**

Le Parlement chinois adopte le 14 mars une loi antisécession qui permet au pouvoir communiste de recourir à des « moyens non pacifiques » en cas de déclaration d'indépendance formelle de Taïwan.

**2008**

Le KMT remporte la présidentielle avec la victoire de Ma Ying-jeou. Quatre ans plus tard, il est réélu de justesse face à la candidate du PDP, Tsai Ing-wen.

**14 mars 2013**
Le secrétaire général du PCC Xi Jinping prend ses fonctions de président de la République.

**Mars-avril 2014**
Occupation du Parlement par le Mouvement des tournesols, lancé par une jeune génération opposée à un traité de libre-échange imposé sans débat, qui prévoit d'ouvrir de nombreux secteurs des services à des investisseurs chinois.

**7 novembre 2015**
Rencontre historique à Singapour entre Ma Ying-jeou et le président chinois Xi Jinping qui consacre un rapprochement politique et économique entre les deux rives du détroit de Formose.

**Janvier 2016**
Tsai Ing-wen (PDP) est élue présidente. Son parti dispose de la majorité au Parlement. Une fois élue, elle présente les excuses du gouvernement aux autochtones victimes d'oppressions et de discriminations par les colons pendant quatre cents ans.

**2 janvier 2019**
Discours de Xi Jinping dans lequel il appelle à la « réunification », sans exclure le recours à la force.

**Mai 2019**
Le mariage pour tous est légalisé à Taïwan, premier pays d'Asie à le faire.

**31 décembre 2019**
Les autorités sanitaires taïwanaises écrivent à la Chine et à l'OMS pour avoir des informations sur des « cas atypiques de pneumonie ».

**Janvier 2020**
Tsai Ing-wen est réélue présidente avec 57,1 % des voix et son parti, le PDP, conserve la majorité au Parlement.

**Juin 2020**

Le Parlement chinois adopte à l'unanimité une loi sur la sécurité nationale pour Hong Kong, un texte de soixante-six articles visant à réprimer toute opposition et toute contestation dans le territoire.

**24 février 2022**

Début de l'invasion russe en Ukraine. Taïwan apporte son soutien à l'Ukraine.

**Août 2022**

Quatrième crise du détroit de Taïwan. Après la visite de la présidente américaine de la Chambre des représentants, Nancy Pelosi à Taipei, la Chine déclenche de vastes exercices militaires visant à encercler l'île, tire des missiles balistiques et simule un blocus. La Chine publie un livre blanc sur la « question de Taïwan et la réunification dans la nouvelle ère ».

**Octobre 2022**

XXe congrès du Parti communiste de Chine qui voit la réélection de Xi Jinping à un inédit troisième mandat à la tête du PC et du pays. « Osez vous battre pour la victoire », déclare Xi en clôture des travaux du PC.

**5 avril 2023**

Après la rencontre en Californie entre la présidente Tsai Ing-wen et le président de la Chambre des représentants, Kevin McCarthy, la Chine déclenche de nouvelles manœuvres d'intimidations militaires autour de Taïwan.

**Janvier 2024**

Élections présidentielle et législatives à Taïwan.

# Bibliographie

## Livres

Ackerman, Elliot et Stavridis, James, *2034*. Traduit de l'anglais par Janique Jouin-de Laurens. Paris, Gallmeister, 2022.

Brown, Kerry et Wu Tzu-hui, Kalley, *The Trouble with Taïwan*. Londres, Bloomsbury, 2019.

Cabestan, Jean-Pierre, *Demain la Chine : guerre ou paix ?*, Paris, Gallimard, 2021.

Cabestan, Jean-Pierre et Vermander, Benoît, *La Chine en quête de ses frontières*, Paris, Presses de Sciences Po, 2005.

Cole, J. Michael, *Cross-strait Relations since 2016. The End of the Illusion*, Londres, Routledge, 2020.

Duchâtel, Mathieu, *Géopolitique de la Chine*, Paris, PUF, 2017.

Ekman, Alice, *Dernier Vol pour Pékin*, Paris, Éditions de l'Observatoire, 2022.

Franklin Copper, John, *The KMT Return to Power*, Lanham, Lexington Books, 2012.

Grosser, Pierre, *L'Autre Guerre froide, la confrontation États-Unis/Chine*, Paris, CNRS Édition, 2023.

Niquet, Valérie, *Taïwan face à la Chine*, Paris, Tallandier, 2022.

Pelaggi, Stefano, *L'Isola sospesa. Taïwan e gli equilibri del mondo*, Rome, Luiss University Press, 2022.

Teufel Dreyer, June et DeLisle, Jacques, *Taïwan in the Era of Tsai Ing-wen*, Londres, Routledge, 2021.

## Articles

Bondaz, Antoine, « La Chine : une priorité stratégique pour Washington », *Diplomatie. Les grands dossiers*, n° 73, avril-mai 2023.

Bondaz, Antoine, « Une seule Chine. Défendre le statu quo à Taïwan », *Esprit*, novembre 2022.

Bland, Ben, « Tsai Ing-wen. The Woman with China in Her Sight », *Financial Times*, 23 janvier 2016.

Burdy, Jean-Paul, « Taïwan, entre manœuvres chinoises et pivot asiatique américain », *Diplomatie. Les grands dossiers*, n° 73, avril-mai 2023.

Chang, Meg, « Veteran Tells Story of Taïwan's Semiconductor Industry », *Taïwan Today*, 18 juin 2010.

Corcuff, Stéphane (dossier coordonné par), « Pékin-Taïwan, la guerre des deux Chines. 1661-2022 », numéro spécial de *Historia*, n° 911, novembre 2022.

Corcuff, Stéphane, « Le pivot taïwanais ou la démocratie comme frontière géopolitique », *Diplomatie*, n° 113, janvier-février 2022.

Corcuff, Stéphane, « La nation taïwanaise se construit sans la Chine », *Libération*, 26 janvier 2016.

Courmont, Barthélemy, « Chine-Taïwan : la ligne de front ? », *Après-demain*, n° 64, 2022.

Courmont, Barthélemy, « Chine-Taïwan : ennemis un peu, partenaires beaucoup », *Géoéconomie*, n° 68, 2014/1.

Cronin, Richard, « Semiconductors and Taïwan's "Silicon Shield" », *Stimson Center*, 16 août 2022.

Duchâtel, Mathieu, « Quels enjeux de défense pour Taïwan ? », *Diplomatie. Les grands dossiers*, n° 73, avril-mai 2023.

Duchâtel, Mathieu, « Semi-conducteurs : la quête de la Chine », Institut Montaigne, 14 janvier 2021.

Filkins, Dexter, « A Dangerous Game over Taïwan, *The New Yorker*, 14 novembre 2022.

Froissart, Chloé, « Chine, la crispation totalitaire », *Esprit*, novembre 2022.

Heath, Timothy R., « Is China Planning to Attack Taïwan? A Careful Consideration of Available Evidence Says No », *War on the Rocks*, 14 décembre 2022.

Lee, Hsi-min, « Nous n'avons plus de temps à perdre face à la Chine », *Libération*, 20 novembre 2022.

Leonard, Andrew, « Present at the Creation: How Pan Wenyuan Coinnected Silicon Valley and China », *Medium*, 19 juillet 2017.

Liu, John et Mozur, Paul, « The Chip Titan Whose Life's Work Is at the Center of a Tech Cold War », *The New York Times*, 4 août 2023.

Loa, Lok-sin, « Tsai Launches Final-week Campaign Tour », *Taipei Times*, 10 janvier 2016.

Mazza, Michael, « The Coming Crisis in the Taïwan Strait », *The American Interest*, 28 juin 2018.

Palmer, Alex W., « "An Act of War": Inside America's Silicon Blockade against China », *The New York Times*, 12 juillet 2023.

Powers-Riggs, Aidan, « Why the United States and Taïwan Don't Agree on Semiconductor Policy, Chips Act », *Foreign Policy*, 17 février 2017.

Ramzy, Austin, « Tsai Ing-wen Elected President of Taïwan, First Woman to Hold Office », *The New York Times*, 16 janvier 2016.

Rauhala, Emily, « "Reunification Is a Decision to Be Made by the People Here": Breakfast with Taïwan's Tsai Ing-wen », *Time*, 18 juin 2015.

Simorre, Adrien, « Ce géant des puces qui fait rêver l'Europe », *L'Usine nouvelle*, 8 février 2022.

Tang, Audrey, « L'urgence est de construire Internet d'une

manière qui favorise la résilience numérique, *Libération*, 14 décembre 2022.

Tierny, Hugo, *Quelle défense pour Taïwan ? Réflexions sur la guerre en Ukraine*, Institut Thomas More, note 57, octobre 2022.

Tierny, Hugo, « Taïwan vue de Chine : une vulnérabilité autant qu'une opportunité stratégique », *Diplomatie*, n° 113, janvier-février 2022.

Wang, Chris, « No Tears for a Tough Fighter », *Taipei Times*, 24 janvier 2012.

Wang, Chris, « Peace Proposal Puts Taïwan at Risk: Tsai », *Taipei Times*, 20 octobre 2011.

Wang, Mei-hua, « En cas de conflit à Taïwan, les dégâts économiques seraient bien plus considérables que ceux de la guerre en Ukraine », *Libération*, 15 juin 2023.

Wu, Joseph, « La Chine essaie de créer le chaos à Taïwan », *Libération*, 2 juillet 2021.

## Documentaire

Vescovacci, Nicolas, *La Guerre des puces*, Arte/Babel Doc, 52 minutes, 2023.

# Remerciements

À Soko Phay pour son soutien, son exigence et sa présence.

À Olive pour ce qu'elle est, sa curiosité et sa patience.

À Francesca Bernardi pour son attention et sa fidélité.

À Olympus pour ses notes de lecture et ses conseils éditoriaux.

À Hugo Peng, compagnon de route enthousiaste et prévenant.

À Judy Tseng, Jenjey Chen, Stéphane Corcuff, Lee Yen-jong, Hu Ching-fang, François Wu pour leur aide et leurs conseils.

À tous les Taïwanais rencontrés à Paris et en Asie, qui ont accepté de partager du temps et de répondre à mes questions ces dix dernières années.

À Timothé Guillotin, à l'origine de ce livre, pour son inspiration.

FSC
www.fsc.org
MIXTE
Papier issu
de sources
responsables
FSC® C109764

Illustration : Mathieu Persan
Composition : Nord Compo
Imprimé au Portugal en septembre 2023